改訂9版

労使のための賃金入門

賃金テキスト

楠田 丘著

経営書院

はしがき

　この本は，いわば労使のための賃金入門書である。これから新しく賃金の実務に携わる人，いわば賃金のフレッシュマンに利用していただけたらと思って書いた。
　賃金には，労働または労働力の対価としての社会性と，企業の支払い能力や各人の貢献度によって配分される所得としての企業性の，2つの性格がある。
　労働市場の変容や労働環境の変化，労働組合の個別賃金政策などもあって，これからの賃金は，ますます社会性が強まっていくと同時に，一方では企業性も高まっていこう。とくに不況期などでは，企業性が強く出てくるといった側面もあろう。さらに，高齢化，定年延長，女性の労働力，高度の専門化といった新しい条件の中で，人事制度も変革を迫られてこようが，これとの関連で日本的能力主義賃金も21世紀をとおして一層の整備を必要としよう。
　これからの賃金は，その水準の決定においても，個人個人の配分においても，制度の面でも，社会性をベースとして企業の特殊性をうまく反映させていくという課題の解決が迫られるものとなる。それだけに賃金実務に携わる人は，まず賃金の考え方の基本を十分整理しておくことが必要となろう。
　この本を読んでいただければ，一通り賃金決定の基本を理論的体系的に理解していただけると思う。努めて平易に書いたつもりだが，それだけに説明が不足するなど，不備な点も多くあるが，その点については読者諸賢のお指摘を受けて修正していきたい。この本が入門書としての役割を果たしえれば，まことに幸いである。
　また，この本の成るにあたって，日本賃金研究センターの武内崇夫氏に全面的にお手伝い願ったことを記して，心からの感謝の意に

代えたい。

　なお，本書の初版は昭和46年から47年にかけて執筆したもので，その後数次にわたり内容の修正など行ってきたが，さらに賃金を取り巻く諸情勢がかなり変化してきており，大幅に加筆修正をすることとした。

　　1972年7月第1版1刷発行
　　1982年2月大幅加筆
　　1990年5月大幅加筆
　　1991年7月数字改訂
　　1993年5月数字改訂および一部加筆
　　1995年1月数字改訂
　　2010年3月大幅改訂　　　　　　　　　　　楠　田　丘

目　次

はしがき ……………………………………………………… 1

第1章　賃金の2つの性格 ……………………………… 11

1　賃金とは何か——能力主義と成果主義 …………… 12
  (1)　哲学の違い ………………………………………… 12
  (2)　労働市場の違い …………………………………… 12
2　戦後の日本の歴史 …………………………………… 14
3　日本型賃金の過去100年と今日的課題 …………… 15
4　21世紀の労使の課題（WLBとWS） ……………… 16
  (1)　WLB（ワークライフバランス） ………………… 17
  (2)　WS（ワークシェアリング） ……………………… 17

第2章　賃金水準の決定基準 …………………………… 19

1　賃金の決定要因——生産性と生計費 ……………… 20
2　スタグフレーション下の賃金決定は譲歩均衡点となる
　　……………………………………………………… 20
3　日本の賃金の特質 …………………………………… 24

第3章　賃金のとらえ方 ………………………………… 29

1　個別賃金と個人別賃金 ……………………………… 30
  (1)　個別賃金——賃金の原点 ………………………… 30
    (ⅰ)　賃金表とは …………………………………… 30
    (ⅱ)　ベアと定昇の区分が大切 …………………… 32

- (2) 個人別賃金——個別賃金表をベースとして決まる……… 33
- (3) 個人別賃金が総合されて平均賃金 ……………………… 35
- (4) 雇用者所得——マクロとしての賃金 …………………… 36
- (5) 賃金問題の4つの側面 …………………………………… 37
- 2 賃金の高さの検討 …………………………………………… 39
  - (1) 個人別賃金や個別賃金による高さの検討 ……………… 41
    - ① 診断の3つの側面 …………………………………… 41
    - ② モデル賃金の活用 …………………………………… 45
    - ③ 生計費資料の活用 …………………………………… 51
      - (ⅰ) 5つのレベル ……………………………………… 51
      - (ⅱ) 人事院の標準生計費の活用 …………………… 52
  - (2) 平均賃金（または総額賃金）による人件費の検討…… 55
  - (3) 自社版「賃金白書」のすすめ ………………………… 56
    - ① 賃金の高さについて ………………………………… 57
    - ② 賃金決定の仕組みについて ………………………… 58
    - ③ 生産性との関連について …………………………… 59
- 3 生計費と賃金 ………………………………………………… 60
  - (1) 賃金決定基準としての生計費——基準生計費 ………… 60
  - (2) 生計費と生活水準（生活内容）………………………… 61
    - ① 階層別生活水準と生計費 …………………………… 61
    - ② 「基準生計費」の"生活水準" ……………………… 62
  - (3) 時代と共に変わる標準生計費（最低期待水準＝ゆとりある生活水準）の内容 ……………………………………… 63
  - (4) 生計費のとらえ方 ……………………………………… 64
    - ① 生計費把握の方法 …………………………………… 64
    - ② 基準生計費と算定方式 ……………………………… 65
  - (5) 生計費不在のいま—生活大国を何で測るのか ………… 66
  - (6) 人事院の標準生計費——その活用と限界 ……………… 66

① 人事院標準生計費の意義 ・・・・・・・・・・・・・・・・・・・ 67
　　② 人事院標準生計費の性格 ・・・・・・・・・・・・・・・・・・・ 67
　　③ 人事院標準生計費の限界 ・・・・・・・・・・・・・・・・・・・ 68
　　④ 人事院標準生計費の活用 ・・・・・・・・・・・・・・・・・・・ 69
　　　（ⅰ）政策的活用のあり方 ・・・・・・・・・・・・・・・・・・・ 69
　　　（ⅱ）自社賃金の診断 ・・・・・・・・・・・・・・・・・・・・・・ 71
　4　賃金統計の活用 ・・・・・・・・・・・・・・・・・・・・・・・・・・・・・ 73

第4章　賃金体系 ・・・・・・・・・・・・・・・・・・・・・・・・・ 77

　1　人材政策の心・技・体 ・・・・・・・・・・・・・・・・・・・・・・・・ 78
　2　労使による改善スケジュール ・・・・・・・・・・・・・・・・・・ 80
　（1）賃金体系の基本知識 ・・・・・・・・・・・・・・・・・・・・・・・・ 80
　　① 個別賃金の決定基準 ・・・・・・・・・・・・・・・・・・・・・・ 80
　　　（ⅰ）決定基準の明確化 ・・・・・・・・・・・・・・・・・・・・ 81
　　　（ⅱ）賃金表の設定 ・・・・・・・・・・・・・・・・・・・・・・・・ 82
　　　（ⅲ）人事諸制度を整備する ・・・・・・・・・・・・・・・・ 83
　　　（ⅳ）社会・生活環境の整備 ・・・・・・・・・・・・・・・・ 83
　　　（ⅴ）産業レベルでの賃金政策 ・・・・・・・・・・・・・・ 84
　　　（ⅵ）付加的賃金の整備 ・・・・・・・・・・・・・・・・・・・・ 85
　　② 賃金体系の種別 ・・・・・・・・・・・・・・・・・・・・・・・・・ 86
　　③ 基本給の組み立てパターン ・・・・・・・・・・・・・・・・ 88
　　④ 年齢給の今日的機能 ・・・・・・・・・・・・・・・・・・・・・ 89
　（2）日本的人事と今日的賃金体系 ・・・・・・・・・・・・・・・・ 91
　　① 人と企業の結びつき―3つのパターン ・・・・・・ 91
　　② 日本的人事・賃金
　　　　　―社員の成長の側に視点を置く ・・・・・・・・ 93
　　　（ⅰ）社員給（日本的人事・賃金システム）の

　　　　　　メリットとデメリット ……………………………… 93
　　　　（ⅱ）加点主義人事への転換 …………………………… 94
　　　　（ⅲ）日本的雇用慣行を活かすこれからの賃金体系
　　　　　　——職能給 ……………………………………… 96
　　③　雇用形態の多様化への対応 ……………………………… 96
　　④　賃金体系の組み立て …………………………………… 97
　　　　（ⅰ）キャリア形成と世帯形成 ………………………… 97
　　　　（ⅱ）昇格昇給と習熟昇給—職能給の仕組み ………… 99
　　　　（ⅲ）生活給の上に職能給を乗せる …………………… 100
　　　　（ⅳ）勤続給の考え方 …………………………………… 101
　　　　（ⅴ）必要な2つの手当 ………………………………… 101
　(3)　基本給の構成 ……………………………………………… 104
　　①　構成割合の2つの側面 ………………………………… 104
　　②　ピッチの割合が大切 …………………………………… 105
　　③　鍵を握る労使の賃金ビジョン ………………………… 109
　(4)　年齢給と職能給の設計 …………………………………… 110
　　①　年齢給の考え方と設計 ………………………………… 110
　　　　（ⅰ）年齢給ピッチのとらえ方 ………………………… 110
　　　　（ⅱ）基本給ピッチの3分の1が年齢給ピッチの標準
　　　　　　目安——それを超えないように ……………… 112
　　　　（ⅲ）ライフサイクルビジョンと年齢給のカーブ …… 113
　　　　（ⅳ）マイナス定昇は労使の合意で …………………… 115
　　　　（ⅴ）年齢給の算定例 …………………………………… 116
　　②　職能給の考え方と設計 ………………………………… 116
　　　　（ⅰ）昇格昇給と習熟昇給の割合がポイント ………… 116
　　　　（ⅱ）設計上のポイント ………………………………… 119
　(5)　職能給導入の手順とポイント …………………………… 123
　　①　職能給導入の手順 ……………………………………… 123

② 導入時の留意点 …………………………… 129
　　　（ⅰ）移行時点での各人の「職能資格制度」 ……… 129
　　　（ⅱ）初号に満たない場合は初号賃金まで引き上げる
　　　　　　──必要追加原資 ………………………… 129
　　　（ⅲ）上限を超えた場合の取り扱い ……………… 130
　　　（ⅳ）移行後の留意点 ……………………………… 131
　（6）諸手当の考え方 …………………………………… 132
　　① 生活関連手当の考え方 ……………………… 133
　　② 仕事関連手当の考え方 ……………………… 138
　　③ 能力関連手当の考え方 ……………………… 139

第5章　臨時給与など ……………………… 141

1　臨時給与 ……………………………………………… 142
　（1）臨時給与の性格 …………………………………… 142
　（2）臨時給与のあり方 ………………………………… 144
　　① 臨時給与の機能 ……………………………… 145
　　② 臨時給与の設計 ……………………………… 147
　　　（ⅰ）固定的生活一時金プラス変動的業績賞与 …… 147
　　　（ⅱ）年間臨給協定 ………………………………… 148
　　③ 成果配分のシステム ………………………… 149
　　④ 個人配分の考え方 …………………………… 151
2　フリンジ・ベネフィット …………………………… 154

第6章　ベア・定昇と賃金調整 ……………… 157

1　生産性と賃金決定 …………………………………… 158
　（1）賃上げの吸収要因 ………………………………… 158

(2)　生産性基準原理 ………………………………… 160
　2　長期賃金政策 …………………………………………… 163
　3　ベアと昇給と定昇 ……………………………………… 166
　(1)　ベアと昇給と定昇の違い ……………………… 166
　(2)　ベアは率，定昇は額 …………………………… 168
　(3)　定昇がさき，ベアがあと ……………………… 170
　(4)　賃上げと平均賃金（コスト） ………………… 171
　4　ベアと個別賃金政策 …………………………………… 172
　(1)　ベアの配分 ……………………………………… 172
　(2)　賃金カーブの変化 ……………………………… 174
　(3)　ベアと賃金表改定 ……………………………… 176
　5　中途採用者の賃金 ……………………………………… 178
　6　生涯ベースでの賃金 …………………………………… 184
　(1)　賃金カーブの修正と賃金体系論 ……………… 184
　(2)　個別賃金政策論 ………………………………… 185

第7章　能力主義人事の進め方 ……………………… 189

　1　日本的雇用慣行を活かす能力主義人事 …………… 191
　(1)　日本的雇用慣行——社員成長処遇システム ………… 192
　　①　企業と人との結びつき
　　　　——いろいろのパターン ……………………… 192
　　②　日本は"社員基準"人事 …………………… 194
　(2)　日本的雇用慣行のメリットは活かし，デメリットは
　　　排除 ……………………………………………… 195
　　①　日本的雇用慣行のメリットとデメリット ……… 195
　　②　メリットは活かし，デメリットは排除する ……… 197
　　③　雇用形態の多様化も大切 …………………… 197

2 職能資格制度を軸としたトータルシステム ……… 198
　(1) 社員としての「成長期待像」が基準 ……… 198
　　① 等級基準 ……… 199
　　② 職務基準 ……… 200
　　③ 職群基準 ……… 201
　(2) 職務調査と目標面接が鍵 ……… 202
　(3) 期待像を軸にした評価・育成 ……… 203
　(4) 個別管理と多元管理が能力主義 ……… 204
3 職能資格制度の考え方 ……… 204
　(1) 職能資格制度の意義 ……… 204
　(2) 職能資格制度のフレーム——設定上のポイント ……… 205
　　① 等級の数をどうする ……… 205
　　② 対応職位は下限でセットする ……… 207
　　③ 昇給年数の表示の仕方 ……… 208
　(3) 導入上の留意点 ……… 209
　　① 職能資格制度の意義と理解を高めること ……… 209
　　② 移行時は現状を尊重し常識的に ……… 209
　　③ 職務調査は導入後でもよい
　　　　——しかし必ず実施すること ……… 210
　(4) 「職種」と職能資格制度 ……… 211
　　① できるだけ全社共通の1本 ……… 211
　　② 職能要件や昇格基準は職種ごとに設定し，
　　　　職種特性を活かす ……… 211
　　③ 賃金表もできるだけ1枚としたい ……… 211
　　④ 職種別に職能資格制度を分離し，別建てと
　　　　することもありえる ……… 211
　　⑤ 職群制の導入はぜひとも必要 ……… 212
4 昇格（処遇）と昇進（人材活用）の分離 ……… 212

(1) 職能資格制度と「職務・職位」 ……………… 212
　　　① 資格と課業 ……………………………… 213
　　　② 資格と職位 ……………………………… 213
　　(2)「処遇」は安定的,「人材活用」は機動的 …… 214
　　　① 昇格(処遇)と昇進(配置) ………………… 214
　　　② 処遇と配置(人材活用)の分離 …………… 215
　　　③ 昇格と昇進の運用の違い ………………… 216

第8章　実力主義・加点主義人事の進め方 … 219

　1　「実力主義と加点主義」は
　　　　能力主義と成果主義の接点 ………………… 220
　　(1)「実力主義」の進め方 ……………………… 220
　　(2)「加点主義人事」の進め方 ………………… 222
　　　① 公募制度 ………………………………… 223
　　　② 自己申告制度 …………………………… 223
　　　③ アセスメント …………………………… 223
　　　④ 目標面接制度 …………………………… 224
　　　⑤ 複線型昇進制度 ………………………… 227

第9章　日本型成果主義と年俸制 ……………… 229

　1　ライフステージ別の賃金体系 ……………… 230
　2　基準賃金の組み替え ………………………… 230
　3　職責・役割・業績評価 ……………………… 232
　4　年俸制の導入 ………………………………… 232

◆図索引 ……………………………………………… 238
◆表索引 ……………………………………………… 240

第1章

賃金の2つの性格

1 賃金とは何か──能力主義と成果主義

　賃金には2つの性格がある。1─1図で見るとおりである。1つは労働力対価つまり人間基準であり，これがいわゆる能力主義である。他の1つは労働対価つまり仕事基準であり，これがいわゆる成果主義である。
　　・日　　本──能力主義
　　・アメリカ──成果主義
　日本とアメリカとで賃金の考え方が異なるのは，①哲学の違い，②労働市場の仕組みの違いが背景にあるからである。

(1) 哲学の違い

　アジアには，"職業に貴賤はない"という考え方が根底にあり仕事で賃金に差をつけることは難しい。また，インド哲学は"人間の価値は皆同じ"が基本にあり，どんな人でも差別なしにしっかり育成していくことが大切である。つまり人材（HR）育成こそが根幹をなす。一方アメリカは"仕事に人をつける"が基本をなし仕事の価値はみな異なるという考え方が基盤をなす。1─1表でみるとおりである。

(2) 労働市場の違い

　アメリカは外部労働市場（エクスターナル）であり，仕事は変わらないが会社は変っていくという仕組みであり，仕事の価値で賃金を決める形の職務給は成立するが，日本は内部労働市場（インターナル）であり，会社は変わらないが仕事は企業内で変わる（異動）という形をとる。したがって日本の場合，仕事で賃金を決めると異

1―1図　能力主義と成果主義

賃金 ┬ 労働力対価（人間基準）― 能力主義 → ┬ 生活能力（年齢給）
　　 │　　　　　　　　　　　　　　　　　　└ 職務遂行能力（職能給）
　　 └ 労働対価（仕事基準）―― 成果主義 → 職務給

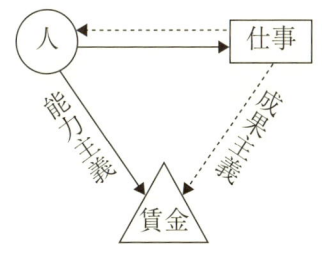

1―1表　日本モデルとアメリカモデル

日本モデル（能力主義）	労働力基準	人材育成：人が仕事を創る・定昇あり	愛は正義なり
アメリカモデル（成果主義）	労働基準	人財活用：仕事に人をつける・定昇なし	力は正義なり

パターン	組織風土	賃　　金
日本モデル（能力主義）	・社員採用・人材育成 ・人が仕事を創る ・思いやりと平等連帯 ・ロングランでの貢献度 ・企業内労働市場	・労働力対価（人間基準） 　年功給　┐格差　小 　生活給　┤定昇　あり 　職能給　┘降給　なし
アメリカモデル（成果主義）	・仕事人採用・人財活用 ・仕事に人をつける ・格差と競争 ・短期的業績 ・外部労働市場	・労働対価（仕事基準） 　職位給　┐ 　職務給　│格差　大 　職責給　┤定昇　なし 　役割給　│降給　あり 　業績給　┘

動がむずかしくなり組織が硬直化する。

　1―1表でみるとおりである。

　以上からして，日本では職務給はそく導入はむずかしい。やはり，労働力対価としての職能給（職能資格制度で人材をしっかり育成し，その能力の伸びに応じて賃金を上げていくという仕組み）が適

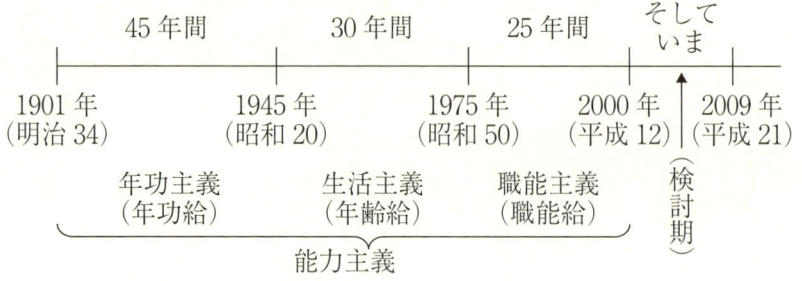

1―2図　日本型人事の過去100年と今日的課題

・2009年現在，大変革・検討期
（注）　三種の神器
　　　　いわゆる三種の神器（終身雇用，企業内労使関係，年功賃金）の在否
　　　　1958年にアベグレンが「日本の経営」の論文の中で指摘した三種の神器は，
　　イ．性格的には，存在しているが，
　　ロ．システム的には，1901～1945年の期間にのみ存在していた
　　ハ．今はもうない

切である。

2　戦後の日本の歴史

　以上のように，賃金には年齢給，職能給，職務給の3つがあるわけだが，さて，ではいったい日本の戦後の賃金はどのような形をとってきたのであろうか。1―2図をみていただきたい。
　戦前は3種の神器を土台としていわゆる年功給であった。しかし，1945年，敗戦を迎え，ＧＨＱと労働省との間で激論が交され年功賃金は没となった。年功賃金は，身分，学歴，性別，勤続による賃金決定であり，ＧＨＱはその不純さを強く強く指摘し，直ちに修正するよう私などに申しつけた。
　労働省でその頃，ＧＨＱ担当官を務めていた私は，お茶の水に点在していた企業の労組拠点を回り，年功賃金の解体を進めていった。まず，電産型賃金体系をＧＨＱが民主的だと評価し，年齢給（生

活能力主義）が導入され，オイルショックを受けて1975年からは職能給の導入が進んでいった。すなわち，次のステップを経過して日本の賃金は，能力主義（1945—1999年）を経て2000年前後から成果主義への転換が始まった。

(1) 1945（昭和20）年〜1975（昭和50）年
　　ＧＨＱの圧力により日本の人材政策は修正され要素別決定へ
　　　　　年齢給＋職務・職能手当（生活能力主義）
(2) 1975（昭和50）年〜2000（平成12）年
　　職能資格制度・職能給（職務遂行能力主義）
(3) 2000（平成12）年〜2009（平成21）年
　　成果主義への転換（役割給，業績賞与，成果昇進）
　　2009年に入ってサブプライムローン（信用力の低い個人向け住宅融資）問題をきっかけにした金融業最大の混乱を引き起こした――世界経済は大きく減速。これを受けて日本も雇用情勢が深刻に悪化した。

3　日本型賃金の過去100年と今日的課題

　以上が日本型賃金の100年の歴史であるが，1991年頃から本格化した職務給導入は何度もつまづき，現在（2009年）ではいわゆる日本型成果主義（第9章で後述）の導入が課題となっている。
　それは1—3図でみるとおり，次の3要件を満しつつ，成果主義の5本柱を成立させる。
［日本型成果主義の3要件］
　① 能力主義（人材育成）をベースとすること
　② 実力主義，加点主義で人材の育成と活用を図ること
　③ 評価制度の整備を図ること

1−3図　日本型成果主義のフレーム

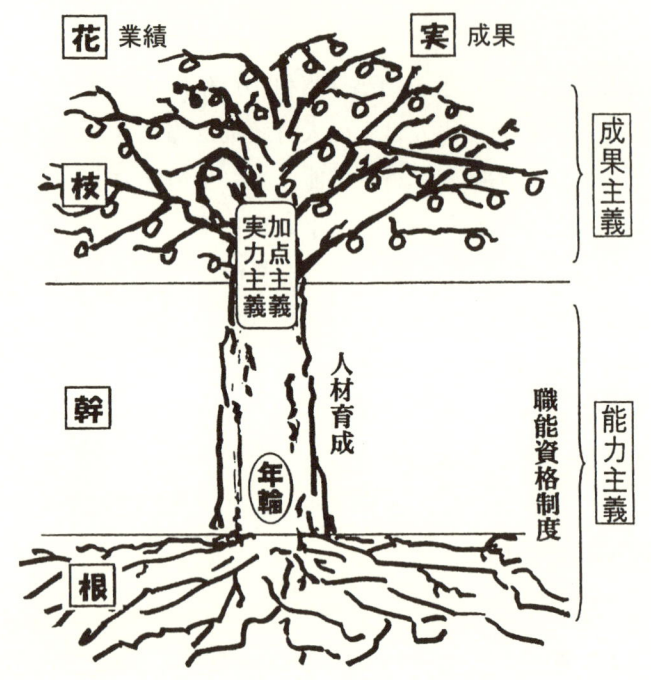

[日本型成果主義の5本柱]

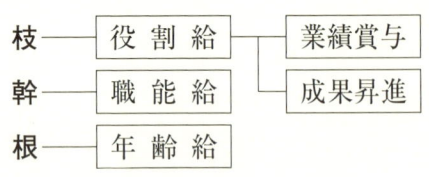

4　21世紀の労使の課題（WLBとWS）

21世紀の労使の課題は，①日本型成果主義賃金の整備確立，②労

1－4図　春闘改革の方向

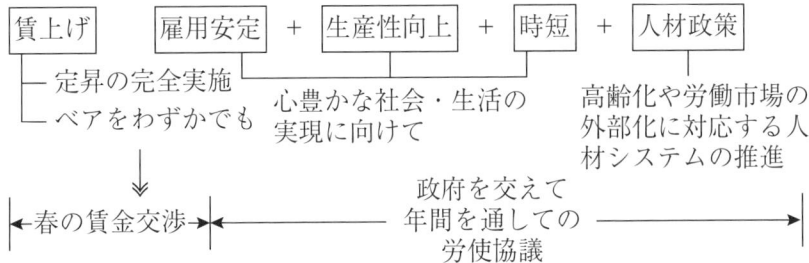

使協議・協力で，経済・社会の安定的発展を進めるべく春闘改革（1－4図参照），③雇用の安定を図るべくWLB（ワークライフバランス）とWS（ワークシェアリング）の推進の3つであるといえる。①と②は後で述べるとして，ここでは③のWLBとWSについてふれておこう。

(1) WLB（ワークライフバランス）

これからの日本の経済とゆとりある社会を構築していくには経済と社会の調和のとれた発展を図っていくことが大切で，そのためにはとくに成果の公正配分と時短・雇用拡大が鍵となる。1－5図をみるとおりである。

(2) WS（ワークシェアリング）

ワークライフバランスを図っていくには，ワークシェアリング（付加価値と労働時間と業務分担の思いやりのある分かちあい）が絶対の要件となる。1－6図でみるとおりである。付加価値については，ここのところ，一貫して労働分配率は低下し続け，それが個人消費の拡大，賃金上昇を押え込んでいる。労働時間を短縮し雇用

1−5図 ワークライフバランス（WLB）

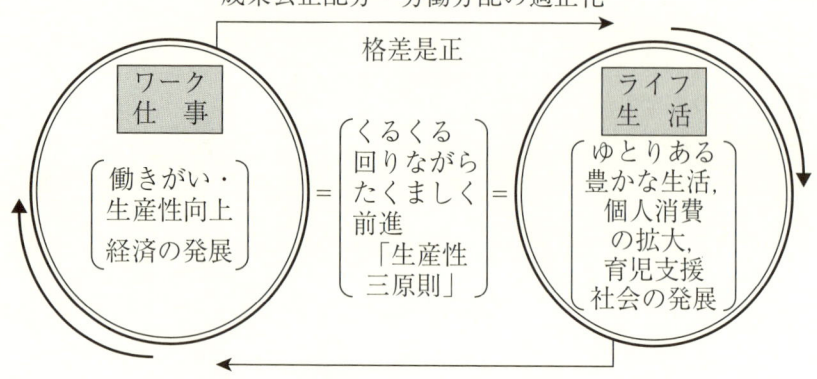

1−6図 ワークシェアリング（構造改革を！）

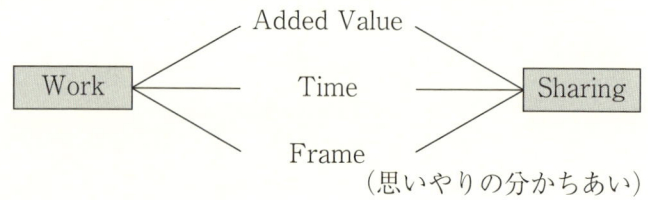

の拡大を図っていくこと，さらに，各人の仕事の枠（フレーム）の一部を非正規に分け，浮いた時間を技術・技能向上，業務の創造・改革に向け，日本の経営・経済の一層の強化を図ることが大切で，いま21世紀の初頭は千載一遇の好機を活かすことが肝要である。

・今こそ重要な生産性三原則

ワークライフバランスを維持するためにも，いまこそ，生産性本部設立理念である①雇用の維持・拡大，②労使の協力と協議，③成果の公正配分という「生産性三原則」の現代的意義を改めて確認する必要がある。

第2章

賃金水準の決定基準

1 賃金の決定要因——生産性と生計費

賃金の決定ないし調整要因は2—1図でみるように，次の3つであるといえる。

(1) 生計費 ｜ 決定要因
(2) 生産性 ｜
(3) 労働市場における労働力の需給事情と労使関係——調整要因

以上のように，賃金には生産性と生計費という2つの決定要因があり，通常の状態のもとでは，生計費が下限を，生産性が上限を定める。動態的には，生計費は消費者物価や負担費などで把握され，生産性はマクロ的には経済成長率，企業では支払い能力の伸び率によってとらえられる。生計費を上回る賃金，生産性を下回る賃金であれば労使にとって異存はないから，2—2図でみるように，この生計費と生産性に囲まれたゾーンは，いわば労使が合意できる賃金決定の範囲だということができる。

2 スタグフレーション下の賃金決定は譲歩均衡点となる

本来は生計費が下限を，生産性が上限を決めるのであるが，しかしながら異常な経済環境のもとでは，消費者物価上昇率が生産性向上率を上回る形となる。スタグネートしながらインフレートする形，つまり，スタグフレーションという事態だ。わが国の場合，バブルの崩壊（第一次石油ショックと円高ショック）と続いた1990年以降はまさにそのような状態に置かれた。

このような時には，本来下限を決める生計費が上にきて，上限を

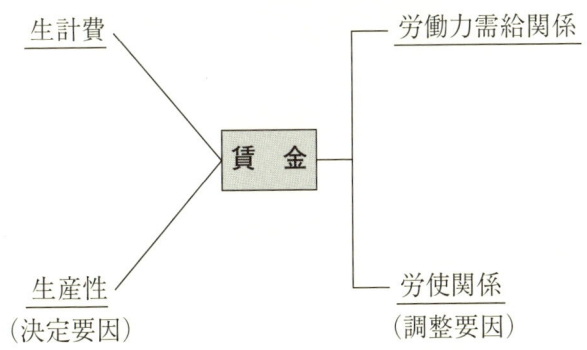

2-1図 賃金の決定要因

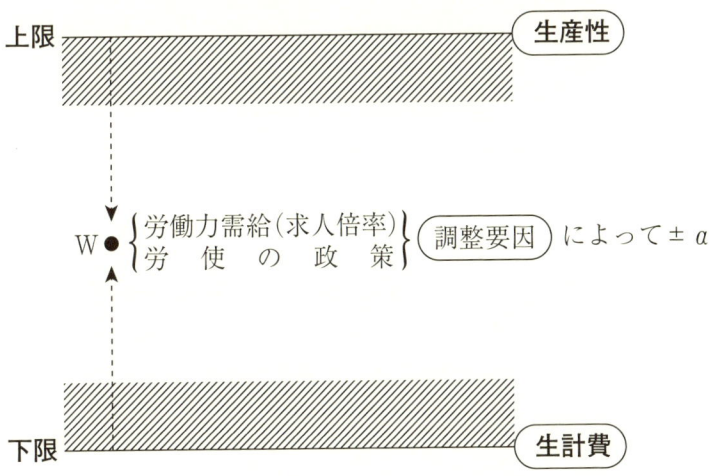

2-2図 賃金の決定基準（正常な経済環境の場合）

決める生産性が下にくるわけであるから，賃金決定は大きな混乱を伴うこととなる。労働者側がいう賃金の"最低限"が上に，経営側がいう賃金の"最上限"が下にくるからである。つまり，2-3図でながめるように，労使が合意できる賃金決定ゾーンが，スタグフレーションのもとでは失われることとなる。

このようなことになると，実質賃金の立場から，「これ以下は譲

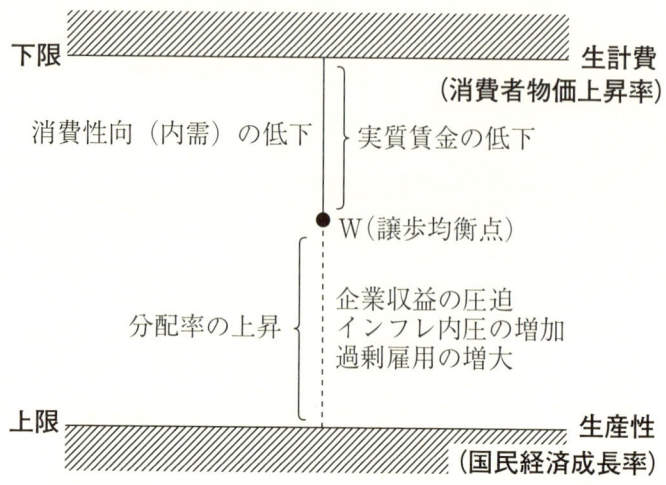

2—3図 スタグフレーション下の賃金決定

れない」という賃金のミニマムよりも，「これ以上では払えない」という支払い能力の立場が下にあることになるから，賃金決定においては，実質賃金論と支払い能力論が際立って表面に出てきて，しかも相互に対立したまま解決が見い出されないこととなる。どのような決め方をしても，実質賃金の低下，つまり生計費上昇に及ばない賃上げと，企業収益の圧迫，つまり支払い能力を超える賃上げが同時に起こるおそれがあるからである。

　実質賃金論と支払い能力論の両立ができない，トレード・オフの関係になる。これがスタグフレーション下の賃金決定の悩みである。

　この2—3図のW点を労使の譲歩均衡点という。2009年についての譲歩均衡点を例示すると2—1表のようになっていた。労使がそれぞれ1.4％づつ同じ幅で譲歩しあう形となっている。

　そして実際の妥結率はこの均衡点に，労働市場事情，労使の政策，などによって上下する。

　それを「譲歩均衡領域」という。その均衡領域の中で賃金は決定

2—4図　'09春闘の譲歩均衡点

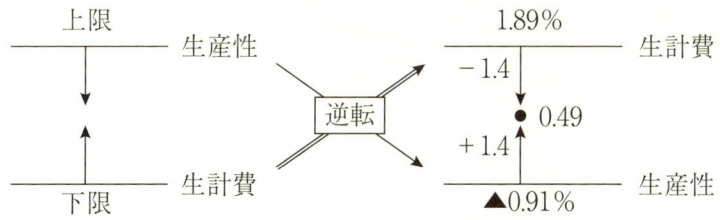

2—1表　春闘の過去6年間の実態

年	譲歩均衡点	労働市場労使関係要因			賃上率
2004年	1.75%	−	0.08	⇨	1.67%
2005年	1.80%	−	0.09	⇨	1.71%
2006年	2.05%	−	0.26	⇨	1.79%
2007年	1.95%	−	0.08	⇨	1.87%
2008年	1.96%	＋	0.03	⇨	1.99%
2009年	0.49%	＋	1.34	⇨	1.83%

（注）実際の賃上率（譲歩均衡点±労働市場要因）
　　　最近は，雇用安定・一時金に回している

される。これを国際的にはインカムズポリシーと呼んでいる。

　参考までに04年から09年までの譲歩均衡点と，実際の妥結率を示す と2—1表のごとくである。

　2009年の賃上げは均衡点を1.34％をも上回るものであったが，労使が個人消費の拡大を目指し，過去8年間の労働分配率の低下をカバーするといった意図に支えられたものであっただけに，妥当な賃上げであったといえる。まさに，WLBを目指した春闘であったと評価できる。ただし，2—1表は大企業の数字であって中堅企業，中小企業は定昇を凍結するなどで対応している。

3　日本の賃金の特質

　ところで日本の賃金は，欧米と比べてその決定機構において，かなり異なった性格をもっている。この問題を考えるには，もう１度，賃金は労働市場における労働力の価格だという側面を考え直してみる必要がある。つまりすでに述べてきたように，労働力は職場での労働を通じて一定の付加価値を生み出し，初めて労働の価値が生まれる。つまり賃金は労働力の価格ではあるが，それが何らかの付加価値を生じない限り，労働力は取引きされず，したがって価格も生まれない。
　では賃金は，労働者が企業の中に入って労働をして初めて価格が生まれるかというと，そうともいえない。賃金は企業内の貢献度配分所得としての意義を十分にもつが，それがすべてであるということはできない。社会的にみて労働力が労働を通じて生み出す付加価値の平均的なものが，さきほど述べたように労働の市場価値として一定の価格をもつわけである。
　例えば30歳の高卒男性は，一般的に平均してみるとこれぐらいの労働価値を生み出すとして認知された社会的価値が，いわゆる社会的な労働力の価格となるわけである。その値段によって労働力の拡大再生産が行われ，それがまた一般的な労働力の再生産費用として労働力の価格を規定することとなるわけである。
　結局，賃金は日本では労働力（人）の価格ではあるが，それはやはり労働（仕事）の価値によって裏づけされたものであることは否定できないわけである。
　ところで，この労働力の社会的価格の決定される場が労働市場なのである。つまり労働市場というのは，労働力の取引きが行われ，

労働力の価格が決まる場であるといってよいかもしれない。ただし，労働力が供給豊富であれば，買い手市場となって，賃金は本来の平均的労働期待価値よりも低く抑えられ，反対の場合はその逆が成立する。

このように，賃金は労働市場と非常に密接な関連をもつが，わが国の労働市場は賃金決定という立場から考える場合において，欧米とかなり違った側面をもっている。それはどういうものであるかというと，次のように整理できる。

(1) 学歴別の新卒労働市場が強く形成されている。
(2) 一般労働市場（わが国では中途採用と呼ばれる）はこれまではマイナー的な意義しかもっていなかった。
(3) 大企業と中小企業，学卒と一般，というように市場が分断されていて，かなり封鎖的性格が強い。
(4) 企業内労働市場のもつ役割がきわめて大きい。

西欧においては一般労働市場が労働市場のメインであり，職業教育も，職種の選択も，賃金決定も，この労働市場で行われる。したがって各人は一定の職種と熟練度の意識をもって，企業の中に入り込む。その場合の賃金は，社会的に決められた職種別，熟練度別の賃金が，労働力の価格として通用し，賃金決定も職業別労働組合が，企業の枠の外において交渉する形で行われる。

ところがわが国はどうであるだろうか。学歴別の新卒労働市場が強い機能をもっている。一般労働市場はいわゆる中途採用市場として，マイナー的な意義しかもちえていなかった。したがって例えば大学卒何名，高卒何名，中卒何名という形で，学歴別で新卒者の採用が行われ，最初から職種などが規定されているわけではない形がメインとなっている。企業の中に入ってから教育訓練，配置，職種の決定，そして賃金の決定が行われる。つまり，わが国においては企業内労働市場が異常に発達し，それが労働市場としての機能を果

たしているといってよい。いわば日本の場合，企業内労働市場の役割の大きい点が特徴的である。

　もっと他の言い方をするならば，欧米においては社会的労働市場における労働力の流動性は高いが，いったん企業の中に入っては，職種の変更などは，それほど頻繁に行われるわけではない。

　ところがわが国においては，社会的労働市場における労働の流動性は欧米に比べれば低い。しかし企業の中においては，簡単に営業から現場，現場から事務へ，というように配置転換つまり職種の転換が行われていく。このようになると仕事や職種で賃金を決めることが，実際問題として難しくなるのはいうまでもない。したがって，結局，賃金は企業ごとに，社会的には分断的に決められることとなり，しかもその賃金は学卒初任給からスタートし，それに昇給という形で積み上げられながら，年齢や勤続別で決められる傾向が強いこととなる。

　日本の賃金の特殊性は，日本の労働市場の特殊性によって規定されているといっても過言ではないのである。しかし実はこのような企業内労働市場の機能の高さ，これを他のことばでいうならば終身雇用，年功体制ということで表現できるが，これが経営をフレキシブルでクリエイティブなものとし，日本の経済成長にとってたいへん大きな役割を果たしてきたという点を見逃すことはできない。

　そもそも賃金というものは，その国その時点における労働市場と無縁に決めることは，決して適切ではない。例えば，日本の年功的賃金のあり方が欧米に比べ違ったものであるからといって，それを否定するということが正しい態度でないことは，以上の説明からも明らかであろう。

　今後，日本の賃金にとって必要なことは，職業訓練や技能検定など，社会的労働市場の育成を進める一方，企業内労働市場の特徴をも十分に活かしながら，かつ一方において個別賃金の社会性という

ものを重視しながら，あまり企業の中だけでの貢献度配分賃金としての性格にこだわらず，やはり職種，熟練度，といったことを念頭に置いた賃金決定を考えていくことが，日本の賃金の公正さを高めていくうえにおいて重要であるといえるであろう。

第3章

賃金のとらえ方

1 個別賃金と個人別賃金

(1) 個別賃金——賃金の原点

すでに述べてきたように，賃金とは労働またはその担い手としての労働力の対価（価格）である。

ところで，労働または労働力には数々の銘柄がある。つまり，その質や量はすべて異なる。したがって，正確には賃金とは，労働またはその担い手としての労働力の銘柄別の値段であるといえる。

・賃金＝労働（またはその担い手としての労働力）の銘柄別対価
・銘柄別賃金＝個別賃金

この銘柄，つまり労働または労働力の質とか量の条件を指定した条件別賃金を，個別賃金という。したがって個別賃金という場合には，職種とか熟練度とか年齢といった銘柄は登場するが，人の名前は出てこない。例えば年齢35歳・勤続10年・主任・熟練度標準の賃金は，270,000円であるといったようなものが個別賃金である。この個別賃金こそが，賃金の原点であるといえよう。ヨーロッパのように職種別熟練度別労働市場が社会的に明確である場合には，銘柄基準が明らかなので個別賃金概念も明確であるが，職種とか熟練度という社会的概念が乏しいわが国にあっては，ともすれば個別賃金概念は薄弱となりやすい。しかし賃金を考えていく場合，最初にこの個別賃金がすべてのベースをなす。

(i) 賃金表とは

このような個別賃金を，3－1表のような形でまとめたものを個別賃金表，略して賃金表とか給与テーブルと呼ぶ。賃金表は，あらかじめ産業または企業の中で（企業別労働市場の性格が強いわが国

3—1表 （個別）賃金表（例示）

職　能	熟練度別賃金	
主　任	Ⅰ	300,000円
	Ⅱ	310,000円
	Ⅲ	320,000円
	Ⅳ	330,000円
	Ⅴ	340,000円

この賃金表をベースとして個人別の賃金が決定される。
（賃金表＝ベース）

においては，主として企業の中で）用意される必要がある。こういった賃金表をベースとして，一人ひとりの賃金が決まっていく。そこで，この賃金表をベースとも呼ぶ。

・賃金表＝ベース

　各人の賃金を決めるベースがこの賃金表であるから，まずこの賃金表を企業の中で明らかにし，明確に設定しておくことが何よりも大切である。

　3—1表の場合，主任の熟練度Ⅲは320,000円となっているが，これがいわば賃金水準である。企業間・産業間で賃金水準を比較する場合には，このように特定の銘柄をあげて個別賃金で比較することが正しい。また熟練度Ⅰと熟練度Ⅱの間で10,000円の格差があるが，これが賃金格差である。さらに，この表では主任および熟練度が銘柄基準となっているが，どのような銘柄基準で個別賃金を設定するかが，いわば賃金体系論である。例えば主任の代わりに学歴や性別，そして熟練度の代わりに勤続年数などを入れれば，いわゆる年功賃金となる。3—1表は職種と熟練度で決まっているから，職種別熟練度別賃金であり日本的にいうならば，いわば職能給表であるといえよう。

　ところで今日この個別賃金，つまり賃金体系も賃金水準も賃金格差も大きな変革の時期にある。なぜならば個別賃金を決定する労働

市場構造・生産技術構造・産業構造ならびに生活構造など，すべての面において大きく構造変革が進んでいるからである。このような構造変革の中で，最も適切な賃金体系・賃金水準・賃金格差を整理し，企業の中で個別賃金ひいては賃金表をいかに整理するかが，今日の賃金問題の重要な1つの側面をなしているといえよう。賃金表が用意されていない，あるいは賃金表があっても水準や格差や体系が今日の産業社会構造にふさわしくない場合，個別賃金は公正でないということになる。いかにして労使で力を合わせ，個別賃金を公正なものに仕上げていくかが重要となる。

(ii) ベアと定昇の区分が大切

個別賃金表（賃金表）は，昭和30年以降の習慣として原則的に毎年1回引き上げられる形をとってきた。それが賃金表の改定，つまりベースアップである。ベースアップとは「賃金表の改定」ということにほかならない。賃金表が明確でない場合，ベースアップ（ベア）もあいまいなものとなり，明確な賃金決定は不可能となる。ベースアップのベースとは賃金表の意味であり，したがってベアとは賃金表の改定または引上げである。ベースアップのみによって賃金水準は上昇する。賃金水準の比較も賃上げも，個別賃金つまり賃金表によって議論し検討すべきである。ベアは個別賃金の問題なのである。

・ベア＝賃金表の改定

ところでベースアップを見送る場合，つまりベアゼロすなわち賃金表を書き替えなくても，ある人の熟練度がⅠからⅡへプロモートすれば，賃金は300,000円から310,000円へと10,000円上昇することになる（3—1表）。それは賃金表の改定，つまりベアとはまったく無縁であり，個別賃金格差を維持するための制度上の賃金管理であるといえよう。このように，銘柄の向上により賃金表の中で各人の賃金が一銘柄分だけ上昇するのが昇給である。したがって，昇給

はベアとは本質的に異なる。ベアはゼロでも昇給は行われねばならない。

昇給の中でも定期的に行われることが労使で約束されたものであるならば、それが定期昇給つまり定昇ということになる。

・昇給＝賃金表の中での個人別賃金の制度的プロモート
・定昇＝定期的に労働組合員の大部分が恩恵を受ける昇給分

定昇は昇給の一部であってすべてではない。定昇はあくまでも賃金表の中における一人ひとりの賃金の制度的なプロモートであり、それによって賃金水準は1円も上昇しない。なぜならば昇給が行われてもベアが行われない限り、3―1表による熟練度Ⅲの賃金は320,000円であるということはまったく不変であるからである。定昇によってだけでは、賃金水準はまったく上がらないということを明確に理解したい。しかし賃金表が不明瞭な場合、何がベアで何が定昇であるかの区別はつかないものとなる。また賃金表があっても、体系や格差などが不適切であれば、定昇も不適切なものとならざるをえない。

(2) 個人別賃金——個別賃金表をベースとして決まる

前述のように、賃金表（個別賃金表）をベースとして一人ひとりの賃金が決まる。一人ひとりの賃金を個人別賃金という。したがって個人別賃金という場合には、人の名前が登場する。いきなり個人別賃金が決まるのでなく、すでに明らかなように、あくまでも個別賃金があって個人別賃金は決まるのである。そうすることによって、個人別賃金決定は明確かつ納得のいくものとなろう。

・個別賃金（ベース）→人事諸制度→「個人別賃金」

さて、個別賃金から個人別賃金が決まっていく過程に人事諸制度が介在する。3―1表を用いていえば、例えば、本来熟練度がⅣであるのに、誤って熟練度Ⅲと評価されれば、330,000円の賃金が受

け取れるはずなのに320,000円しかもらえないことになる。つまり，評価（人事考課など）が不適切であれば，個人別賃金も不公平なものとならざるをえない。

　また，3—1表では，主任という職制で銘柄が規定されているが，本人が努力をし，能力があっても，組織の都合で主任のポストが空いていない場合には，昇進・昇格ができないこととなり，主任相当の能力がありながら主任の賃金がもらえないことになる。この場合，主任といわず主任相当の能力のある者といった形で銘柄基準を設定すれば（これを職能資格等級などと呼ぶ），努力し能力が高まれば主任相当の賃金表が適用され，そのグレードの賃金に上昇することができる。つまり昇進・昇格制度がどのような仕組みになっているかによっても，個人別賃金は左右される。

　このように個人別賃金ということになれば，その企業の中における評価・育成・配置といったことによって規定されるわけである。したがって個人別賃金を公平なものにしていくためには，まず個別賃金を産業社会構造にみあった公正なものにしていくと同時に，企業レベルにおける人事諸制度を客観かつ公平にしていくことが条件となる。今日，高齢化・技術革進・定年延長・男女平等化といった新しい環境条件の中で，ともすると生涯を通してのキャリア形成が不安定なものとなるおそれが生じている。

　キャリア形成というのは，生涯を通して仕事や能力が高まり続けることをいう。高齢化・定年延長といった状況の中で，いかにして65歳のリタイヤの日まで能力や仕事を伸ばし続け，その人材を活用するかという前向きかつ積極的な人事制度が整備されていてこそ，個人別賃金の公平性は実現されることになる。

　従来，ベアも定昇も区別せず，労使で平均賃上げ額を決め，これを配分するという形で個人別賃金を決定してきた企業が多かった。つまり，このやり方には個別賃金概念が欠如している。産業社会構

造が大きく変化し，しかも企業内の人員構造などが揺れ動く今日においては，漠然とした配分だけでは，個人別賃金を公平なものにし，キャリア形成や世帯形成を充実させ，働きがい・生きがいのある賃金を決め，それを通して経営を発展させていくことはとうてい不可能であろう。個別賃金の明確化，そして人事諸制度の整備は最も急を要する情勢の中にある。

(3) 個人別賃金が総合されて平均賃金

　平均賃金とは，一人ひとりの賃金，つまり個人別賃金を1つの組織や企業の労務構成に加味して集約したものである。したがって平均賃金は労務構成のいかんによって，その高さが左右されることとなる。さらに労務構成の変化のみならず，ベアや定昇によっても平均賃金は変化する。

　定昇は，賃金水準は上げないが，平均賃金を一時的に上げる。

　さきにも述べたように，昇給ないし定昇は賃金水準を上げはしないが，平均賃金は上げる。したがって平均賃金は，高さをあらわすというよりも1人当たりの労務費，つまり人件費コストをあらわすといってよい。賃金水準の比較においては，あくまでも個別賃金をもってするのが正当で，平均賃金をもってすることは適切ではない。仮に平均勤続年数や年齢別労働者構成を調整したとしても，平均賃金はあくまでも1人当たりの賃金コストであり，賃金水準の高さをあらわすものではない。ある年齢層は他社よりも高く，ある年齢層は低いという場合，平均賃金としては同じとなるが，銘柄によって賃金の高低があるという事実は消えることはない。今日，各企業の平均賃金は，高齢化，定年延長，さらには男女平等化の動きを受けての女性賃金の上昇という背景の中で，全般的に高まる情勢にある。

　1人当たり付加価値の中からどれだけが賃金にまわされるか，こ

れがいわゆる企業レベルの労働分配率であるが，労働分配率を上げることなく，いかにして平均賃金の上昇を吸収していくかが，経営にとっては大きな課題となる。とはいえ生産性が低く，支払い能力が低いからといって，平均賃金を抑え込めば個人別賃金ないしは個別賃金が低い水準となり，人材の確保・定着，労働意欲の高揚，さらには労使関係の安定等に良い影響を及ぼさないことになる。いかにして平均賃金の上昇を経営の中で吸収していくか，労使にとって大きな課題とならざるをえない。

　構造変革の中で，業種間・地域間・企業間の業績格差は拡大しよう。その時，それら業績格差が企業間の賃金格差，ひいては労働力の質的格差の拡大をもたらすおそれをもつ。このように賃金の社会性と企業の支払い能力とのギャップをどう調整していくか，また年収のほぼ30％を占める臨時給与のあり方も，これからの課題となろう。

(4) 雇用者所得——マクロとしての賃金

　平均賃金を一国全体の雇用者数や労働時間数を掛けてとらえたものが雇用者所得，つまりマクロ的な賃金となる。この雇用者所得から負担費（勤労所得税や地方税や社会保険料など）を除いたものが可処分所得であり，その一定割合，つまり消費性向をとおして個人消費の大きさが決まってくる。これに企業の設備投資需要や住宅投資や政府支出需要などを加えて内需の大きさが決まり，さらに輸出つまり海外需要を加えたものが国民総需要となり，それにみあったものが国民総生産となる。国民総生産から国民所得が決まるが，国民総生産ないし国民所得と雇用者所得との関係がマクロ的な分配率となり，このマクロ的な分配率のあり方が成果配分の問題としてとらえられる。

　成果配分が適切でなければ，個人消費の伸びは鈍く，海外需要の

伸びが見込まれない今後にあっては，経済成長を鈍化させ国際的な摩擦を引き起こすと同時に，経済全体の発展を鈍らせるおそれをもつ。長期的観点に立って，しかも置かれている状況の中で国民所得のうちのどれだけを雇用者所得にまわすかが成果配分の中心課題であり，国民生活の向上，社会資本の充実，そして内需拡大が迫られている現在，最も重要な賃金問題として提起されている。

(5) 賃金問題の4つの側面

以上のように，今日賃金をめぐる課題は4つある。
(イ) 個別賃金の公正さ
(ロ) 個人別賃金の公平さ
(ハ) 平均賃金の適正さ（適正人件費の問題）
(ニ) 成果配分の公正さ（マクロ的な賃金決定論）

この4つの問題は，決してそれぞれが独立的なものではない。3―1図で示すように相互に深くかかわりあいをもっている。労使は全体的な展望の中で，相互にかかわりあいを持ちながら，これらの賃金問題に正しく対応していくことが，今日求められつつある。

以上と関連して，賃金決定についても，労務管理賃金一辺倒ではなく，賃率賃金の概念を高めていくことが何としても求められる。

すなわち，個人別賃金が決まってくる道筋には2つある。まず平均企業の支払い能力に応じて平均賃金を上げ，これを配分し個人別賃金を決めるというあり方である。この場合には，さきほども述べたように，いきなり平均賃金を上げるから，ベアと定昇という両者を区別する必要はない。一方，個別賃金表を明確にし，これをベースとして個人別賃金を決める。この場合には，ベースアップと定昇はきわめて明確なものとなる。そして決められた個人別賃金を適切に払っていくために，労使は何としてでも生産性を上げねばならない立場に置かれる。前者はいわば労務管理賃金であり，後者がいわ

3―1図 賃金の4つの側面

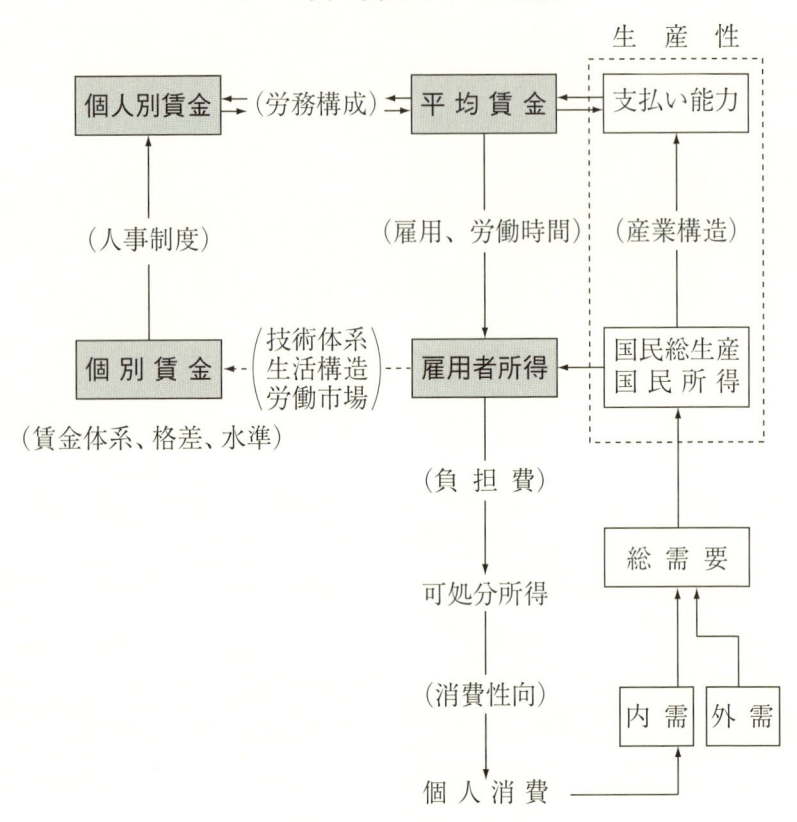

```
                                              生 産 性
┌──────┐         ┌──────┐  ┌──────┐
│個人別賃金│←(労務構成)→│平均賃金│→│支払い能力│
└──────┘         └──────┘  └──────┘
   ↑                  │         ↑
   │                  │     (産業構造)
(人事制度)         (雇用、労働時間)    │
   │                  │         │
   │   ┌技術体系┐      ↓         │
┌──────┐│生活構造│┌──────┐  ┌──────┐
│ 個別賃金 │←┤労働市場├┤雇用者所得│  │国民総生産│
└──────┘ └────┘└──────┘  │国民所得 │
(賃金体系、格差、水準)      │         └──────┘
                        │            ↑
                      (負担費)          │
                        │         ┌──────┐
                      可処分所得       │ 総需要 │
                        │         └──────┘
                      (消費性向)       ↑   ↑
                        │         ┌──┐┌──┐
                      個人消費 ──→│内需││外需│
                                  └──┘└──┘
```

ば賃率賃金の概念である。

　以上からして，われわれが賃金をとらえていく場合においては，高さを議論する場合においては個別賃金を，また支払い能力や生産性との関連での適正さを議論する場合においては，平均賃金ないし総額賃金を取り上げる，というように，両者を意識し，使い分けることが重要だといえよう。

　従来，例えば賃金の高さを議論する場合においても，平均でいくら，というような議論をし，また賃上げの要求や回答においても，平均でいくら上げるか，というような形でとらえてきたが，これは

第3章　賃金のとらえ方

3-2図　賃金計画の性格

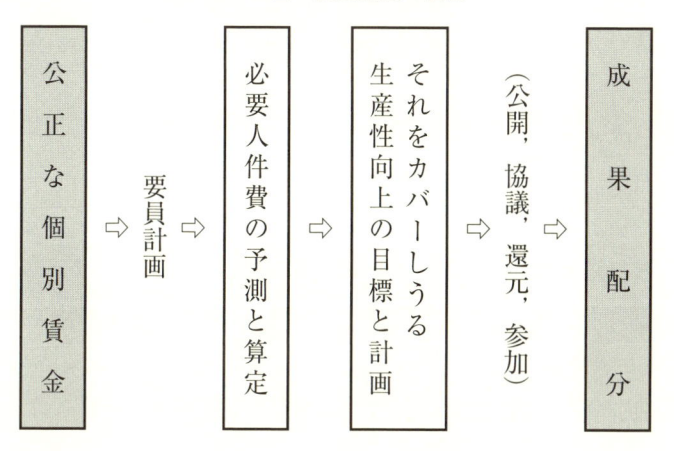

公正な個別賃金 ⇨ 要員計画 ⇨ 必要人件費の予測と算定 ⇨ それをカバーしうる生産性向上の目標と計画 ⇨（公開，協議，還元，参加）⇨ 成果配分

少しずつ修正されていかねばならないわけだ。

　最近の労使交渉のあり方をみると，平均賃金交渉方式から個別賃金交渉をあわせもつ方向へと，一時変化する兆しをみせたが，基本的には依然として平均賃金が幅をきかせている。

　結局は，これからの賃金管理のあり方は，**3-2図**でみるとおり，
　(イ)　公正な個別賃金の実現と維持
　(ロ)　要員計画と適正要員の維持
　(ハ)　両者からする必要人件費の将来予測
　(ニ)　そのような人件費を吸収しうる生産性向上の目標化と達成
　(ホ)　以上に関する労使の十分なる協議と理解と計画化
この5つの柱が中心となるといってよい。

2　賃金の高さの検討

　賃金が高いか低いかは，労使双方にとっても最も重要な問題のひとつである。この場合高い，低い，ということは，いったい何を基

準にしていうのであろうか。

　それはいうまでもなく，賃金の公正な決定基準にてらして，ということになるであろう。

　賃金の決定要素は，すでに述べたように生計費，労働市場における需給価格，そして生産性の3つであるから，賃金の高い，低いを議論し，検討する場合も，結局この3つにてらして議論することとなる。そしてそれは，次の3つの側面で行われる。

① 個人別賃金による自社賃金のゆがみやばらつきの検討（公平さ）

② 個別賃金による賃金の高さの検討（公正さ）

③ 平均賃金による人件費の適正さの検討（適正さ）

　なお，どうしても平均賃金によって自社賃金と他社との比較をしなければならない時は，次の諸点について十分な配慮が必要である。

(i) 平均賃金は賃金の時系列動向をみるのが主眼で，横断的比較分析に用いる性格のものでは本来ない。

(ii) 平均賃金をもって，賃金の比較分析をする際は，次の手法をとる。

　　イ　平均年齢，平均勤続，学歴・男女・労職別労働者構成，賃金項目，労働時間（所定内，所定外），臨時給与，主要な福利厚生費など，平均賃金を考察するうえで参考となる判断材料をすべて併記する。

　　ロ　労働者構成を同一にして平均賃金を修正し，比較する（ラスパイレス式，パーシェ式，フィッシャー式など）。

　　ハ　賃金傾向値表を用いるなどして，平均年齢，平均勤続を修正し，同一にして比較する。

　上記のように年齢や勤続をいわゆる賃金傾向値表を用いて修正したとしても，しょせんすべての労働者構成を2つの集団について，まったく同一にすることはほとんど不可能であるから，そのような

比較には限界があることになり，正しい賃金の比較であるということはできない。

さきほども述べたように，本来賃金は労働力の価格，または労働の価値として意義をもつものであるから，やはり賃金の高さを検討する場合においては，できるだけ個人別賃金や個別賃金によるという原則をとるのが望ましい。

(1) 個人別賃金や個別賃金による高さの検討

① 診断の3つの側面

賃金を正しく決めていくには，まず自社賃金の現状と問題点を正しく知っておくことが大切である。自社賃金の診断は，次の3つの側面がポイントとなる。

第1側面……個人別賃金のプロット図を作って，賃金の散らばり（分布型）をみる。

第2側面……基本給モデルで賃金カーブの傾き具合，つまり年齢間格差が適切であるかどうかをみる——基本給ピッチの計測と吟味。

第3側面……モデル賃金とプロット図を使って，自社賃金の水準がどのような位置づけにあるかを知る。

(i) 〔**第1側面について**〕……プロット図による診断

全従業員の賃金（個人別賃金）を方眼紙の上に打って（プロットして），その分布状態を観察したり，他のいろいろの指標と比較したり，分析したりする（3—3図参照）。

横軸に年齢をとり，縦軸に賃金額をとる。男女別，部門別，職種別で色を分け，また，管理職と非管理職とでは符号を別にし，区別がつくようにする。例えば，管理職は⊖，一般男子は黒で●，女子は赤で●，中途採用者は△というごとくである。

このようなプロット図は2種類ほしい。

①基本給プロット図（賃金体系の分析用）

3－3図　個人別賃金のプロット図による分布状態の把握

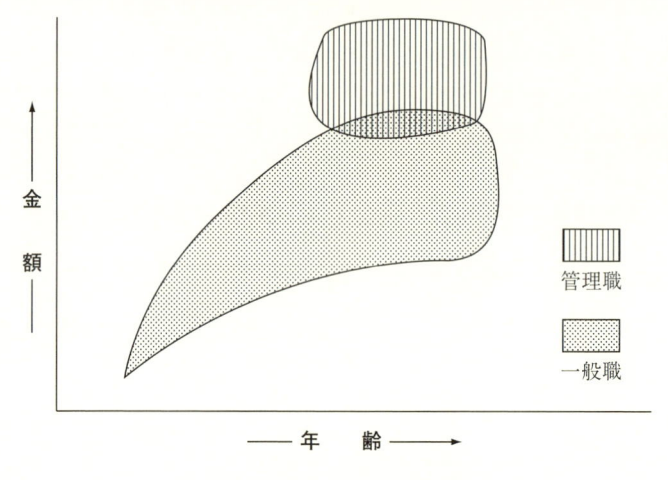

（金額／年齢のグラフ：管理職、一般職の分布）

3－4図　賃金の範囲

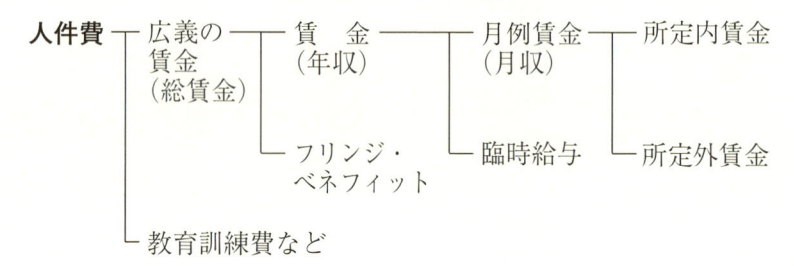

```
人件費 ┬ 広義の ┬ 賃　金 ┬ 月例賃金 ┬ 所定内賃金
       │ 賃金   │ （年収）│ （月収） │
       │ （総賃金）│        │          └ 所定外賃金
       │        │        └ 臨時給与
       │        └ フリンジ・
       │          ベネフィット
       └ 教育訓練費など
```

②所定内賃金プロット図（賃金水準の分析用）

　なお賃金の範囲だが，3－4図でみるように，狭義の賃金にフリンジ・ベネフィット（付加的給付）をあわせたものが広義の賃金（総賃金）ということになり，これに，教育訓練費などをさらに加えたものが，人件費という概念になる。

　ところで賃金は，月例賃金と臨時給与の2つからなり，月例賃金は，さらに，所定内賃金と所定外賃金とからなる。ここで所定内賃金がいわば月収であり，これに臨時給与を含めたものが年収であ

3—5図　基本的賃金と付加的賃金

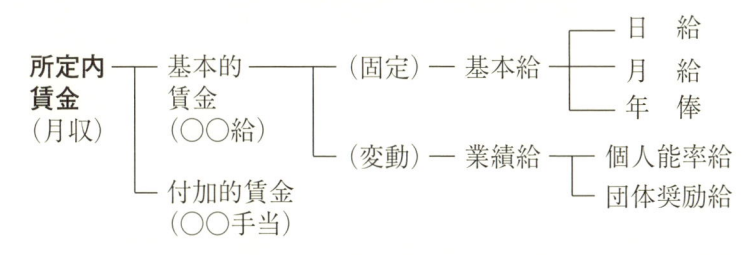

```
所定内 ─┬─ 基本的 ──┬─（固定）── 基本給 ──┬─ 日　　給
賃金      賃金                              ├─ 月　　給
（月収）   （○○給）                         └─ 年　　俸
         │          └─（変動）── 業績給 ──┬─ 個人能率給
         │                                 └─ 団体奨励給
         └─ 付加的賃金
            （○○手当）
```

る。いずれも所定外賃金，つまり残業手当などは含めないほうが適切であろう。

さらに，所定内賃金は，3—5図でみるように，基本的賃金と付加的賃金に分けることができる。

基本的賃金とは，従業員全員を対象にしている賃金項目で一般に○○給と呼ばれ，付加的賃金とは，特定の従業員を対象とするもので一般に○○手当と呼ばれる。そして基本的賃金は，その支払い形態によって基本給と業績給に分かれる。

賃金の内容構成は以上のようであるが，どこまでの範囲を賃金として取り上げるかは目的によって異なり，それはおおむね次のようである。

(ア)　1人当たり労務費（平均賃金）を生産性との関連で議論する時……〔総賃金〕〔人件費〕

　　　前述のように総賃金は現金給与のほかにフリンジ・ベネフィット（退職金・福利厚生費）をも加えたものであり，これにさらに教育訓練費などを加えたものが人件費である。

(イ)　賃金の高さやバラツキ（個別賃金）を議論する時……〔所定内賃金〕および〔年収〕

(ウ)　賃金の傾きやゆがみ（個別賃金）を議論する時………〔基本給〕

ともあれ賃金の現状分析は，的確かつキメ細かく，そしてあらか

3−6図 基本給ピッチの計算図

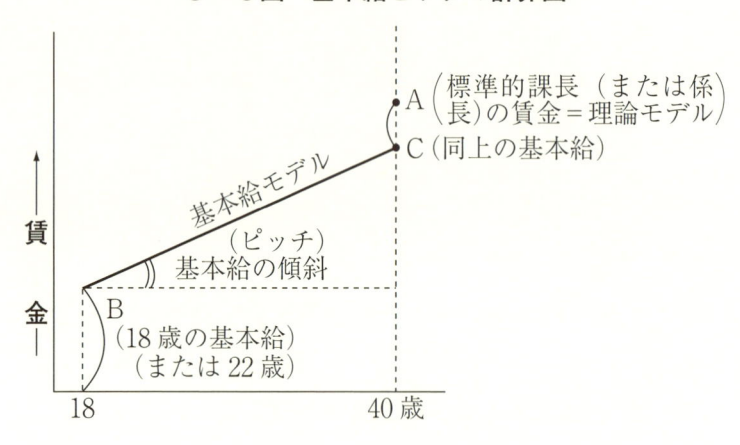

```
賃
金
       基本給モデル
          (ピッチ)
       基本給の傾斜
                      A (標準的課長（または係
                         長）の賃金＝理論モデル)
                      C (同上の基本給)
   B
   (18歳の基本給)
   (または22歳)
   18              40歳
```

じめ労使で了解しあった方法で実施することが肝要である。

(ii) 〔**第二側面について**〕……基本給ピッチの分析

　基本給でとったモデル賃金を基本給モデルというが，その基本給モデルの横軸（年齢）に対する角度つまり傾斜（1歳当たり格差）を基本給ピッチという。この基本給ピッチはその企業の賃金の性能をあらわすと同時に，賃金表をつくる時のピッチの総額を意味する。

　基本給ピッチは，3−6図でみるように，40歳の標準的課長の基本給と18歳の基本給との格差で計測される。

(iii) 〔**第3側面について**〕…水準の診断

　準拠指標（自社賃金を診断分析する時の比較資料）について，労使で共通のものをもち，定期的・継続的に入手しておくようにしたい。準拠指標としては次の3つがほしい。

① 同業他社
② 同地域他社
③ 一般公表資料

　以上が診断・分析の内容だが，できれば，労使からなる恒常的な専門委員会で，毎年秋に賃金白書を作成し，これを労使で確認し，

社内に配布し，賃金についての共通の土俵をつくっていくことが望まれる。

② モデル賃金の活用

モデル賃金というのは，標準者がたどる賃金基準線のことである。正確にいえば，学校を卒業し，直ちに入社し，標準的に昇進，昇給していった場合にたどる賃金のことである。わが国の賃金には基本給の他に生活関連手当なども多いから，標準的に昇給ということばの中には，家庭生活においても世帯規模が標準的に広がっていくことを含んでいる。このようなモデル賃金がなぜ問題となるのかというと，いうまでもなくわが国の人事は社員成長基準システムであり，それを受けて賃金は初任給プラス昇給という「継ぎ足し方式」であり，西欧のように職種別・熟練度別の社会的な基本的賃率が存在しているわけではないからである。

つまり，標準的に成長し昇給していった場合にたどる昇給基準線こそが賃金制度であり，労使で議論できる共通の賃金決定基準としての意味をもつ。つまり，日本的社員成長賃金のもとにおいては，このモデル賃金は賃金をとらえる際の基本となるわけである。

しかしモデル賃金はあくまでも標準成長者の賃金カーブであり，すべての人の賃金を代表するものでは必ずしもない。にもかかわらずこのモデル賃金が十分意味をもちうるのは，わが国の場合，終身的雇用がメインであり，学校卒業後直ちに入社し，その後定年まで勤めあげるいわゆる標準者があくまでも中心となる，集団としての意義をもっているからである。

ところでこのようなモデル賃金は，いざ作成したり使用したりするとなるとなかなかやっかいな問題がたくさん含まれている。うかつに使うわけにはいかない。にもかかわらず実態をみるとモデル賃金は濫用されており，そこから多くの誤解やミスジャッジが行われているケースもしばしばである。ではモデル賃金にはどんな問題が

あるのであろうか，その性格と使いみちを考えてみることとしよう。

〈モデル賃金には3つの種類がある〉

いったい，モデル賃金と呼ばれるものには，広くとらえるとおおむね3つの種類が存在している。

① 理論モデル
② 実在者モデル
③ 実在者賃金

それぞれを説明しておこう。

第1の**理論モデル**だが，これは学校を卒業して直ちに入社し，その後標準的に昇進していった者が，あらかじめ企業の中で用意された賃金表に基づいてとらえていった場合，どのような賃金になるかをとらえたものである。

したがってこれは賃金の統計ではなく，あくまでも賃金表に基づいた制度としてのモデル賃金である。だから厳密には，理論モデルは制度として賃金表が企業内で確定されていない場合，設定することはできない。あくまでも賃金表の中であらかじめ設定された標準昇進条件によりとらえていった各ステージ（年齢や勤続や職位）ごとの賃金である。制度的なものであるゆえに，この理論モデルは他のモデル賃金に比べ最も純粋であり，賃率としての意義をもち，水準からいっても高いものとなる。通常，基本給モデルと所定内モデルの2本が用いられる。

次に第2の**実在者モデル**であるが，これは賃金表によるものではない。標準的に昇給，昇格していく形を1つのモデル条件として各ステージごとに設定する。例えば，30歳，主任勤続12年，扶養家族3人，東京在住といったごとくである。このような，いわゆるモデル条件に該当する企業内の実在者を探し求め，その賃金を年齢別につづっていったものがこの実在者モデルにほかならない。

一般民間研究機関で各種のモデル賃金が作られ，公表されている

が，その大半はこの実在者モデルである。例えば関東経協のモデル賃金のとり方をみると"モデル賃金は，学歴，年齢，扶養家族等についてこれに該当する者の賃金をとり，在籍者のない場合，モデル条件にあわせて平均昇進年数により記入している"となっている。関西経協のいわゆる標準者賃金についても同じである。

これはあくまでも実在者の中から標準的な人を取り出し，その賃金をとらえていったものであるから，最も現実にそくした点では優れているが，はたして条件に合致したいわゆる標準者なる者を客観的に選び出すことができるかどうか，技術的に難しい問題を含んでいる。標準的にといった場合，年齢や勤続，扶養家族はよいとして，わが国では，昇進においても昇給においても当然査定が行われているのであるから，はたして標準的に昇給した人の賃金を確実にとらえることができるかどうかは問題が多い。

実在者モデルは決して制度的なものでもなく，また企業の中における多くの人の賃金の高さを統計的に示したものでもないから，その点においては性格的には中間的であり，やや中途半端な感をまぬがれない。いわば理論モデルの代用品としての性格をもつ。

さて，第3の**実在者賃金**であるが，これは標準的に入社した者すべてを対象とする。そしてその各年齢の該当者の平均値または並数値または中位数値をとる。このようにして各年齢の一定条件に該当する人たちの数学的代表値を求めつづったものが実在者賃金である。これはいわば，まさに現実の賃金の統計としての意味をもつ。実在者を標準的なものとして1人だけ選ぶのではないから，選択上の判断や不安定性は入り込まない。あくまでも該当する人たちの平均または並数または中位数をとるからである。

例えば中央労働委員会のモデル賃金は一般的に大企業モデル賃金として最も利用率が高いが，それは実在者モデルと実在者賃金の2つをもって構成されている。つまり実在者賃金については"この実

在者基準内賃金は制度としての賃金でなく，現在いる者の平均である"と定義されている。したがってこの中央労働委員会の実在者基準内賃金は，例えば30～31歳，そして平均基準年数が7.3年というように，あくまでも勤続年数は平均した結果として示されているにすぎない。なぜならば，年齢30～31歳の中で該当する人たちの平均がとられるからである。理論モデルが制度的なものであったのに対し，これはまったく現実の賃金の高さをとらえた統計数字としての意味をもつ。

なお，実在者賃金の場合には，数学的な代表値のとらえ方として，平均，並数，中位数のおおむね3通りがある。並数とは該当する人の最も多い賃金であり，中位数とは，ちょうど真ん中に位する人の賃金をいう。数学的にはむしろ相場というものは平均ではなく，並数であるから，本来は実在者賃金，年齢別賃金いずれも並数値をとるのが望ましい。ところが，並数値や中位数は計算がやや難しく，また該当する人数が少ない時には計算ができないし，また意味もない。そこで一般には平均値がとられる。平均値をとる時は，必ず最低・最高を併せ表示するように留意したいものである。

また，実在者賃金をとる際は，月収モデルと年収モデルの2本を用意することが望ましい。

以上のように，いわゆるモデル賃金といわれるものは3つの種類が存在している。各モデル賃金統計ごとにそのつくり方は同じではないから，この3つのパターンのうちいずれであるかよく理解したのち，利用していかなければならない。なお，一般公表のモデル賃金の範囲はほとんど基準内賃金を対象としている。基本給と手当の区別は，その考え方は各社によってまちまちであり，したがって基本給のみをとってモデル賃金をつくることが難しいからである。

さて，以上の3つのモデル賃金はどのような使い方をするのが正しいのであろうか。

まず理論モデルは明らかに制度としての賃金表を踏まえたものであるから，それはその企業のいわゆる公式的な賃率を示す。賃率とはその企業におけるいわば労働力の公定価格のようなものである。賃金表を線として表示し直したものが理論モデルにほかならない。本来，賃金交渉，とくにベアは労働力の価格改定であり，つまり賃金表の書き替えとしての意義をもつ。

　したがって，賃金交渉は，賃金表改定交渉を行うのが本来の筋である。この場合，賃金表のすべてにわたって交渉することは困難であるから，賃金表上のいくつかの基幹的な賃率を取り上げ，これを労使でいくらにするかの交渉を行うべきである。基幹賃率はもちろん1つではなく，複数的なものとなろう。一般にはこういったものに類似した形のものとして，今日，ポイント賃金，いわゆる個別賃金要求といったものがある。正確に個別賃金交渉を行おうとするならば，賃金表の中のいくつかのポイント，つまり基幹賃率交渉を行うのが正当である。賃金表の中の基幹賃率が，理論モデルの中のいくつかのポイント賃金ということになる。

　上記のことからして明らかなように，本来ベア交渉とは理論モデルの書き替え交渉であり，したがって理論モデルは賃金交渉に利用されるべきものであるといえる。

　半面，理論モデルは必ずしも現実の賃金の実態を示すものではないから，賃金の高さの分析とか比較とか吟味には使うわけにはいかない。そのような現実の高さをとらえたり分析したり比較するには理論モデルではなく，むしろ実在者賃金が最も適しているといえよう。なぜならばすでに説明したように，実在者賃金は各年齢の標準的な条件に合致する人たちの平均，並数，中位数のいずれかをとり，これに最低と最高を付随させたものであるからである。したがって，これはまさしく当該企業の賃金の高さの実態を示すものといってよい。しかも勤続の短い人は除いてあるから，平常の状態での賃

金の高さをとらえ，分析するうえにおいて最も優れている。

しかし，これはいわば個人別賃金の集約であるから，賃金交渉には適さない。賃金の平均的高さは個人別賃金の集約でみるが，賃金交渉はあくまでも個別賃金，つまり賃率で行うのが正当であるからである。賃金決定を個人別に行うわけにはいかない。銘柄別の賃金としての個別賃金で行うべき筋合いのものである。

つまり，3つのモデル賃金のうち理論モデルのみが，いわば個別賃金であり，他の2つは個人別賃金をベースとしたものであることになる。ただし，実在者モデルはまさに個別賃金と個人別賃金との中間的なものであり，そのゆえにおいて賃金交渉や賃金の高さの分析に，いずれにも何となく利用できる意味において便利であるが，その性格はあいまいであり，いわゆる理論モデルや実在者賃金に比べると中間的な存在にしかすぎない。

以上のように理論モデルは賃金交渉に，実在者賃金は賃金の高さの分析に使い分けることが肝要であり，さらに参考として実在者モデルをあわせ使うといったあり方が，モデル賃金の正しい使いみちであるということができる。

〈モデル賃金の有用性と限界〉

高齢化の中で年功賃金の修正が盛んに議論されているが，モデル賃金が依然として有用であるのは，わが国の賃金がいまもって，少なくとも結果的には年齢，勤続に対し強く規制されていること，企業の枠を超えて共通の基準として学歴や年齢，勤続，男女以外にとるものがないこと，などをベースとしている。さらに基本的に社員成長人事というわが国独特の労働慣行が存続し，継続しているからでもある。

今後，年功賃金は修正されていくとしても，社員成長基準人事は基本的には継続されていくであろう。したがって，標準的に昇進，昇給という概念は存続する。

3―7図　モデル賃金の使い方

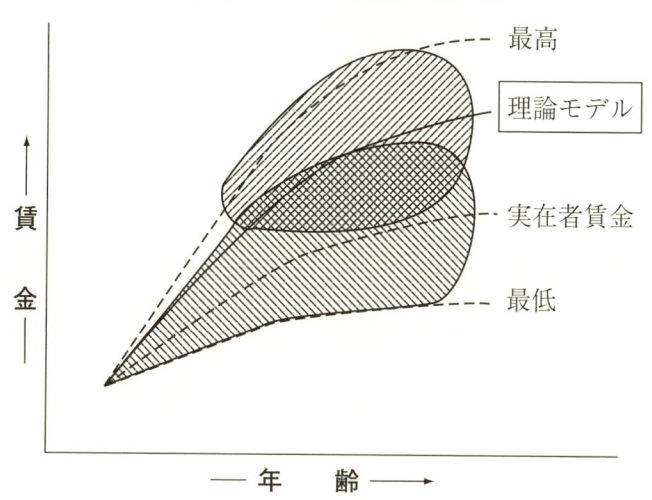

(図：縦軸「賃金」、横軸「年齢」。最高、理論モデル、実在者賃金、最低を示す曲線群)

　その意味において，今後もモデル賃金は依然として有用であろう。その際必要なことはすでに述べたことから明らかなように，1つは「理論モデル」，他の1つは「実在者賃金」を整備していくことであり，そのために賃金制度の整備，充実を図っていくことが望まれる。ただし，モデル賃金は依然としてモデルにしかすぎない。したがって，賃金の全体の把握という観点からするならば，やはり限界があるのである。

　そこで3―7図でみるように，賃金の現実の把握という観点から，全従業員の個人別賃金のプロット図を描き，その上に賃率としての理論モデル，実在者賃金の集約図としての実在者賃金，および最高，最低をあわせ表示した形のものを多角的に用意し，これを労使で吟味，分析する態度が必要である。

③　生計費資料の活用

(i)　5つのレベル

　賃金は労働者にとって生計費であるから，賃金と生計費の関係に

ついては強い関心がもたれる。ところでその生計費は，①物価，②生活水準，③世帯規模の3つによって規定される。そして，そのとらえ方としては，実態生計費と理論生計費の2つの側面がある。

さらに生計費には，そのレベルによって通常5つ程度の把握の仕方がある。

① 被救恤（じゅつ）費（Pauper Level）
② 最低生存費（Minimum of Subsistence Level）
③ 最低生計費（Minimum of Health and Decency Level）…ミニマム
④ 標準生計費（Normal Level）…ノーマル
⑤ 愉楽生計費（Health and Decency Level）

これらについては次節で詳述する。
賃金との関連で生計費を論ずる場合，そのレベルは当然，③の最低生計費→ミニマムか④の標準生計費→ノーマルということになる。①とか②では，労働力の再生産は不可能だからである。

これらの生計費の把握の仕方だが，わが国においては，通常人事院の標準生計費に基づく方法がとられる（人事院の標準と計算については次節で詳述）。
平成3年以降改正されて今では次のように算定されている。

(ii) 人事院の標準生計費の活用

人事院の標準生計費を用いて賃金の診断を行うやり方を，参考までに紹介しておこう。

〈資料の加工〉

賃金診断に用いるためには，現時点のものに推定修正する（時点修正），非消費支出（負担費）を加算する，世帯人員別生計費を年齢別に置き換える（ライフサイクル）といった加工が必要となる。

〈算定例〉

1つ算定例を示せば3－2表のようなものとなる。

3―2表 人事院標準生計費による各種生計費の推定〈全国〉

原資料	平成21年度【O】	18歳 1人	26歳 2人	30歳 3人	35歳 4人	40歳 5人	(48歳)
		126,250	159,060	194,740	230,450	266,160	
I	負担費修正 O×1.285 〈A〉	162,231	204,392	250,241	296,128	342,016	(366,000)
II	愉楽生計費	A×1.20	A×1.35	A×1.39	A×1.48	A×1.50	
		194,677	275,929	347,835	438,270	513,024	(549,000)
III	最低生計費	A×0.80	A×0.80	A×0.80	A×0.80	A×0.80	
		129,785	163,514	200,193	236,903	273,613	(290,000)
IV	単身最低生計費	A×0.80	A×0.68	A×0.65	A×0.62	A×0.60	
		129,785	138,987	162,657	183,600	205,210	(217,500)
V	最低生存費	A×0.75	A×0.60	A×0.55	A×0.52	A×0.50	
		121,673	122,635	137,633	153,987	171,008	(181,300)

(※) 負担費修正 1.285 とは
「総務省・家計調査（家計収支編）・平成20年度・2人以上の世帯」の数値より算出。
（消費支出）323,206 +（非消費支出）92,018 ÷（消費支出）323,206 = 1.285

〈グラフを描く〉

上によって得られた額をグラフ上に描いて，3―8図をえる。

〈診断の1つの基準となる賃金分布領域〉

3―9図が，診断の際の1つの判断基準となる賃金分布領域である。この領域に自社賃金があれば，いわゆる世間並みであり，これを上回って分布しておれば世間並み以上であって，高いといってよ

3—8図　各種の生計費カーブ

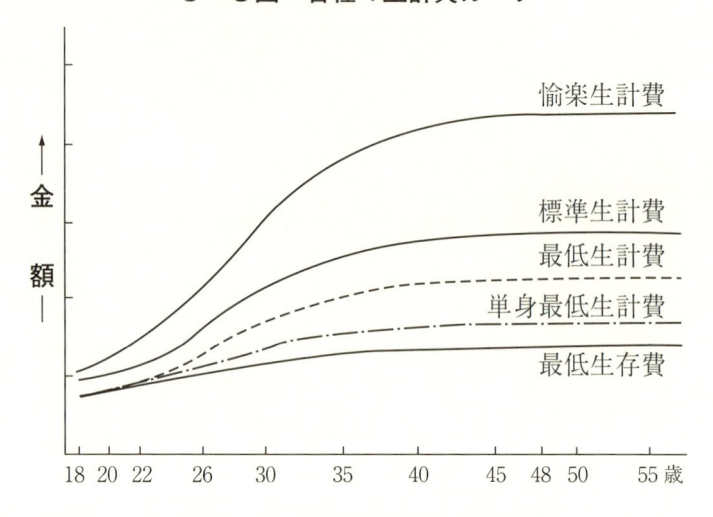

3—9図　各種生計費と賃金分布領域

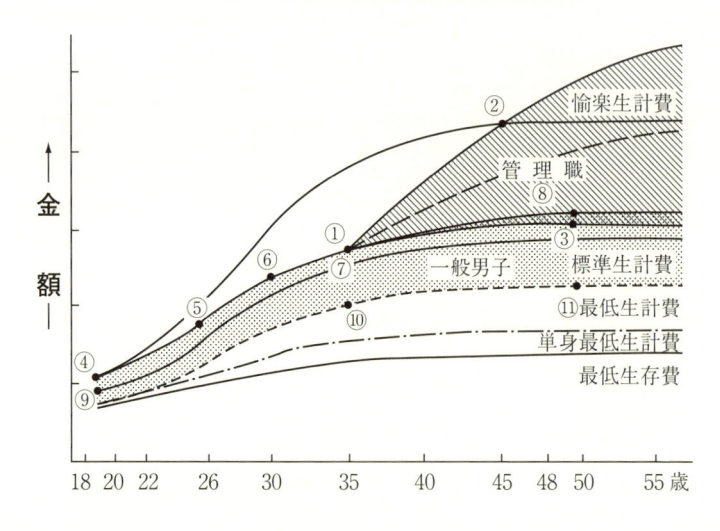

く，これを下回っていれば世間並みに達していないということになる。

〈対象となる賃金〉

同じ目盛りでグラフ用紙上に自社の個人別賃金を全員についてプロットし，右記の分布領域と比較して診断する。賃金としては，一応所定内賃金で比較したい。生計費は年間所得を対象としてはいるが，貯金を含んでいない点，教育費や住宅費がやや低額である点を考慮すると，やはり，一応は残業やボーナスを含めないもので比較することが望ましい。ただし，臨時給与の3カ月分程度は月割り加算してもよい。

(2) 平均賃金（または総額賃金）による人件費の検討

　適正人件費の側面では賃金と生産性の比較が主体をなす。賃金と生産性の両者の関係は，本来あまり狭い部門，または短期間で比較検討すべきものではない。1部門，しかも1期間について両者を比較しても，生産性と賃金の両者が一致する保証はあまりない。部門別または短期間ごとに賃金を生産性と結びつけると，低生産性部門の賃金はいつまでたっても上がらないし，また景気の急激な変動によって，賃金も大きな変動をすることとなる。しかしこれは賃金が労働力の再生産費用であり，賃金は労働市場における需給価格という側面からみて望ましいものでないことは，説明するまでもあるまい。

　したがって，賃金と生産性との関連についての検討なり議論は，できるだけ広いレベルでかつ長期的なとらえ方をすることが望まれる。わが国における賃金と生産性の議論がしばしば混乱を生じているのは，その比較のベースの広がりや期間のとり方においてくい違いがあるからである。賃金と生産性を議論する場合においては，短期レベル，長期レベル，さらに企業レベル，産業レベル，国民経済レベルというように，いくつかのレベルごとに設定し，比較検討するように心がけたい。

　また生産性とは何か，という問題もたいへん重要である。物的生

産性をとるか,売上価値生産性をとるか,付加価値生産性をとるか,実質付加価値生産性をとるか,などによっても,両者の関連は大きく異なることとなる。例えば賃金インフレのような問題を議論する場合においては,物的生産性と賃金との関連が重要であり,利潤と賃金との相対配分関係を議論する場合においては,付加価値生産性と賃金の関連がより重要となる。

このようにその目的に応じて比較すべき統計のとり方,概念の把握の仕方も異なるのであるから,賃金と生産性の議論は,できるだけその目的,統計の限界,比較の期間,比較の広がりとしてのベースを整理区分しながら,多面的な角度から議論し,検討することとしたい。

先述のように,これまでわが国における賃金と生産性との議論は,これらの点が必ずしも整理されていないところから,多くの混乱や誤解を生じている点を指摘することができよう。

とくに人手不足,生計費の持続的上昇を受けて,賃金は生産性によって規定されず動いていく可能性が,今後はますます強まるのであるから,それだけに賃金と生産性との相互の関連について,労使はより高い関心と,正しい理解と,精密な検討をたえず行っていくことが要求されるわけである。

(3) 自社版「賃金白書」のすすめ

〈賃金白書のねらい〉

賃金を改善するにも,その水準を上げていくにも,まず自社の賃金がどういう状態にあるのか,どこに問題があるのかをはっきり理解することが前提となろう。自社の賃金の実態把握について,労組側と会社側とでくい違った理解があっては賃上げ交渉も混乱するし,的確な形で個別賃金の決定を行っていくことも難しかろう。

できれば企業単位で,労使の共同作業で,例えば「わが社の賃金

白書」といったものを作成し，これを広く社内全般に配布し，その内容について，トップも中間管理職も組合員も正しく理解し，今後の賃金のあり方，改善の仕方について歩み寄った認識をもつことが，これからは必要ではなかろうか。

では，「わが社の賃金白書」の中には，どのような内容を盛り込めばよいのか。

〈取り上げる内容〉

「わが社の賃金白書」で取り上げるべき内容はおおむね3つある。

　　第1は……自社の賃金の高さについて
　　第2は……自社の賃金決定の仕組み
　　第3は……人件費コストとしての位置づけ

である。

賃金を考える場合，ともすると，経営側は，人件費コストという側面からのみ意識しがちであり，労働者側は社会的な高さ，つまり社会的労働力価格という立場からのみで賃金を追求しがちである。そしてまた，賃金・労務担当者は，体系，制度等の側面を重視するきらいがある。それぞれの立場からして，それは当然であると思われる。

しかし，賃金にとって大事なことは，高さが公正であるか，決め方が理論的でかつ納得性の高いものであるか，さらに企業の長期的な業績動向からみて適正であるか，という3つの点から検討されるべきで，1つの側面からのみの認識は必ずしも十分な把握・認識の仕方とはいえない。

そこでまず賃金の高さについて検討するあり方を考えてみよう。

① **賃金の高さについて**

賃金の高さを検討する場合，3つの側面がある。1つは水準，2つは傾き（傾斜），そして3つめはバラツキである。

例えば，平均的な水準としては問題はなくとも，賃金カーブの傾

きが急であれば若年層の賃金は世間相場に比べて低く，中高年層の賃金は高いことになる。また，バラツキが非常に大きければ，たとえ水準が同業他社に比べて同程度かつ適切であったとしても，中途採用者とか，昇進・昇格の遅れた人などの低いほうの賃金は，世間相場に比べて問題が多いものとなるだろう。

したがって，賃金の高さを考える場合は，「水準」「傾き」「バラツキ」の3つは重要な問題となろう。これについては，すでに述べたとおりである。

② 賃金決定の仕組みについて

賃金の決め方についてはおおむね4つの側面がある。第1は，毎年のベア，昇給のあり方，第2は賃金体系のあり方，第3は賃金を構成する項目内容，第4は能力評価，職務評価など評価制度のあり方，である。

これらについては適切な一般的なデータは乏しい。そこでこれらの分析にあたっては，一般的な統計，例えば，厚生労働省の就労条件総合調査，人事院の職種別民間給与実態調査，中労委の賃金事情調査などを用いて検討することももちろん必要だが，それだけではなく，労働組合員や従業員一般の意思はどうか，理解や納得のうえからみてもどのような問題があるのか，という把握分析も必要であろう。

賃金の決め方について，一般従業員がどのような不満や意思をもっているか，アンケートなどを実施し，その結果とにらみあわせて，自社の賃金の決め方にどのような矛盾や問題点があるかをチェックし，改善していく方向で，これからの賃金制度，賃金体系，賃上げの方法を考えていくということも必要ではないだろうか。

なお，チェックポイントとして，まず賃上げの方法については，賃金表が適切に設定されているかどうか，ベアと昇給がはっきりと区分されているか，物価のとらえ方は適切であるかどうかなどがあ

る。また賃金体系については，生活保障の原則と労働対価の原則が適切に組み合わされ，かつわかりやすい簡潔な方法で体系化されているかどうか。そして賃金の構成については，基本給が全体の中心であることを考慮しつつ，基本給や臨時給与が全体に占める割合はどうかをみる。さらに評価制度についても，昇格基準，能力評価のあり方，教育訓練体系，ジョブ・ローテーションの仕組み等の諸制度についてチェックすることとなる。

③ 生産性との関連について

賃金白書の最後の章は「賃金とわが社の生産性」というような内容からなる。これは，要するに平均賃金が自社の生産性という観点からみてどのような位置づけにあり，どのような推移をたどってきたか，という形で把握される。したがって，その内容は1つは過去5年ぐらいについて，生産性を構成する各指標と賃金との関連を分析したものとなる。そこに取り上げられるべき項目としては，少なくとも，労働装備率，資本生産性，付加価値率，付加価値生産性，労働分配率，資本利益率，平均賃金，といったものが必要である。そして生産性と賃金のあり方について，正しい理解のもとに，その過去の動向の問題点を指摘しておくと同時に，将来の見通しについても，経営計画などとも関連して問題点を指摘しておくようにしたい。

以上が「わが社の賃金白書」の内容のあらましであるが，さらに望むならば，最後にもう1つの章を設定し，今後自社の賃金がどのように改善されていくべきであるか，水準，体系，生産性・賃金，などについてその方向を委員会で明らかにし，さらにそれを実現していくための条件を示唆するならば，より有効なものとして意義をもつものとなる。

3 生計費と賃金

(1) 賃金決定基準としての生計費——基準生計費

　賃金水準を考える場合の準拠生計費を，広く基準生計費と呼ぶ。さてその基準生計費の性格だが，生計費は"労働力の再生産費用"として賃金の「下限」を制するのだから，基準生計費は本質的に最低生計費としての機能をもつ。

　　・基準生計費＝「最低生計費」

　そこで問題は，基準生計費の水準，つまりその生計費が可能とする生活水準がどのようなものであるかである。基準生計費は本質的に最低生計費であるが，それは大きく分けて2つあることになる。標準生計費と最低生計費である。

　　・基準生計費 ─┬─ 標準生計費
　　　　　　　　 └─ 最低生計費

　まず最低生計費というのは，どんな人でも確保さるべき生計費水準で，これ以下の賃金はあってはならないという生計費で，いわば，最低保証賃金を規制する機能をもつ。

　これに対し，一方の標準生計費というのは，並数的社員（最も大多数の者が昇格，昇給していくコースにそった社員）が，少なくとも確保さるべき賃金水準を規制する機能をもつ。いわば前者が下限的最低生計費であり，後者は標準的最低生計費であるといえる。3—10図で示すとおりである。

　賃金体系論的にいうと，最低生計費は生活給（年齢給と家族手当）の設定時の基準となり，標準生計費は生活給プラス職能給とし

3—10図　標準（最低）生計費と最低（基準）生計費

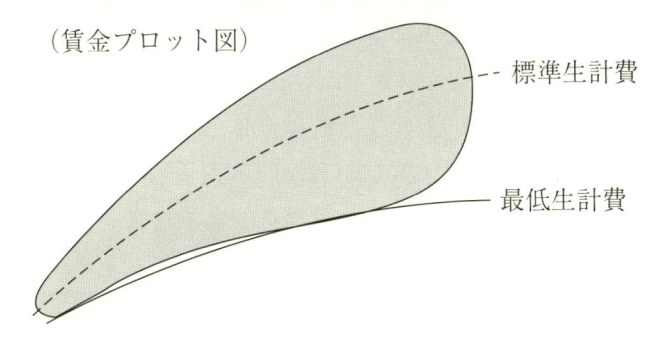

（賃金プロット図）

　　　　　　　　　　　　---- 標準生計費

　　　　　　　　　　　　　　最低生計費

ての基本給を設定する際の判断基準となる。

　ではいったい，それぞれの生計費はどのような生活水準を表現するものであろうか。基準生計費と生活水準の関連を考えてみよう。

(2) 生計費と生活水準（生活内容）

① 階層別生活水準と生計費

　『最低生活費の研究』（1954年労働科学研究所）は，戦後におけるわが国の代表的生計費の研究のひとつで，数少ない生計費研究の中でもとくに注目される本格的資料だが，この中で生活水準の分類が5つの階層に分けて行われている。最も典型的歴史的分類であるので，ここではこれをまず紹介し，これを借りて基準生計費のあり方を考えてみることとしよう。

　1954年「最低生活費の研究」（労働科学研究所）‥"終編　全体の総括"P230〜P231参照）

Ⅰ　被救恤的生活水準（Pauper Level）

　救恤を受けなければ生きてゆくこともできないようなみじめな生活で，実質的には生活という名に値しないような水準。

Ⅱ　最低生存水準（Minimum of Subsistence Level）

　前述のⅠの1つ上にある生活水準だが，人間としての社会的文化

的欲求の充足がまったく，またはほとんど許されず，ただ生存だけが一応確保されるような生活がこれである。社会的文化的な生活環境におかれている人間として，ある程度の不可避的な社会的文化的支出を含むのであるが，その生活費は全体として生存に焦点をおいて支出される。生存のみに重点がおかれる生活水準では，人間の健康と能率を十分に保持し，あるいは発揮できないことを考慮せねばならない。

Ⅲ 最低健康体裁水準 (Minimum of Health and Decency Level)

前述の最低生存水準から一歩進んで，健康ならびにその社会で必要とされる最低限度の体裁が保持できるレベルである。他人からみて，あまりにみすぼらしいといわれるような水準ではないが愉楽（ゆとり）という点ではまだ十分に確保されない程度のものである。

Ⅳ 「最低健康体裁水準プラス若干の愉楽」水準

いわゆる最低健康愉楽水準（最低ゆとり水準）ともいうべきもので，正常愉楽水準に比べると，なお隔たりがある。

Ⅴ 正常愉楽水準 (Nor-mal) ＝ゆとり水準

正常な生活水準の状態であり，これを確保することが望まれる。いわば期待水準であるといってよい。

② 「基準生計費」の"生活水準"

では一体，先述の基準生計費としての最低生計費と標準生計費は，これら5つの層別生活水準のいずれに相当するのであろうか。

まず前記2つの生活水準，つまりⅠの被救恤的生活水準と最低生存水準は，労働力の再生産費用としての賃金を論ずるにはまったく不相応である。したがって，これは賃金論としてはまったく考慮の外におかれる。

そうすると，その上にあるⅢの最低健康体裁水準ないし最低健康愉楽水準が，最低（基準）生計費に相応することになる。そしてさらに，Ⅴの正常愉楽水準（Nor-mal）が標準（最低）生計費に対応

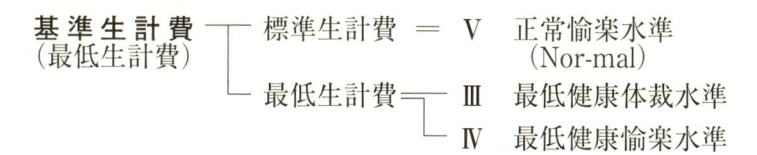

することが望まれる。

```
基準生計費 ┬ 標準生計費 ＝ Ⅴ 正常愉楽水準
(最低生計費) │                 （Nor-mal）
           └ 最低生計費 ┬ Ⅲ 最低健康体裁水準
                        └ Ⅳ 最低健康愉楽水準
```

Ⅲは，まったく愉楽（ゆとり）が含まれないので，たとえ最低保証賃金であってもそれは望ましくない。そこで最低生計費の内容としては，Ⅳの最低健康愉楽水準を内容とするのが望ましい。また，大多数の労働者の期待ミニマム水準は標準生計費であり，それは正常愉楽水準（ゆとりある生活）を内容とすることが正しい。

(3) 時代と共に変わる標準生計費（最低期待水準＝ゆとりある生活水準）の内容

以上のようにゆとりある生活水準を考える場合，大切なことは，それぞれの国や時代において，支配的でかつ標準的な（平均という意味ではなく並数的な）生活様式といったものが前提となる。その状況によって体裁が愉楽（ゆとり）も問題とされ，健康保持の生活資料もそれぞれの生活様式によって規定され，同一ではない。例えば，ゆとりの内容や水準にしても日本とインドやアメリカではそれぞれ異なり，同じ日本でも，昭和20年代と昭和50年代と平成の今日においては当然大きく異なってくる。

したがって，賃金（実質賃金の水準）の時系列的比較においても，国際比較においても，年齢階層別比較においても，それぞれの生活様式に基づいた体裁や健康や愉楽（ゆとり）の内容や水準をキメ細かく把握し測定することが条件となる。

しかし今日，そのような資料や調査や研究は本格的にはほとんど行われていない。そこに今日の賃金問題のブラックボックスがあり，賃金をめぐる議論の不安定さをもたらす原因となっている。

いろいろな生計費が算出され公表されてはいても，それがどのような生活水準を表現するものであるかは，ほとんど不明である。

(4) 生計費のとらえ方

① 生計費把握の方法

生計費をとらえるにはいくつかの伝統的方法がある。大きく分けると，それは次の4通りとなる。

実態生計費解析方式…………①

実態生計費（家計調査）を解析して，第1・4分位数や平均値，第3・4分位数などを把握して，最低生計費や標準生計費を求める方式である。

理論生計費方式…………②

一定の生活水準，生活内容を表現する生活模型（マーケット・バスケット：消費やサービスの質と量の1セット）を組み，これに実効価格や料金を乗じて生計費を算出する。物量方式とかマ・バ方式とも呼ばれる。計算方法としては，次の2通りある。

(i) 半物量方式

比較的設定しやすい食料費のみについてマーケット・バスケットを組み，これに価格を掛けて食料費を算出する。これを一定の政策的エンゲル係数（消費支出の中に占める食料費の割合）で割ることによって全消費支出，つまり生計費を計算するというものである。エンゲル係数をどうとるのかについてキメ手がなく，それによって生計費は大きく上下する，といった点で不安定さが残る。

(ii) 全物量方式

衣，食，住，文化のすべて，つまり全費目にわたってマーケット・バスケットを組み，実効価格をかけて生計費を算出するものである。衣，食，住，文化費目のマ・バの設定が難しい点に難点がある。

家計構造分析方式…………③

各費目への消費性向は，収入の低下（または高まり）によって変化する。その変化の転換点などを分析し，その法則性から最低生計費や標準生計費などを求めようとする方式である。

心身状態調査方式…………④

世帯員の心身状態をいろいろな角度から調べ，それが一定の水準（最低あるいは標準かなど）を保持していると考えられる世帯を取り上げ，その実際に支出している生活費をもってそれぞれの水準に対応する生計費とみなす方式である。この方式は生活水準と生計費の関連を具体的に結びつけて，生計費を測る点ですぐれてはいるが，心身状態と生活水準との関連を把握する際のキメ手がなかなかえがたいという点が難点となる。前述の労働科学研究所が1954年に行った最低生計費の研究はこの方式によっている。

② **基準生計費と算定方式**

では一体，基準生計費を把握する時は，どの算定方式をとることがふさわしいのだろうか。

最低生計費（Ⅲの最低健康体裁水準やⅣの最低健康愉楽水準）を求めるには，③の家計構造分析方式か④の心身状態調査方式がふさわしい。②の最低生計費に対応するマーケット・バスケットを組むことは難しいし，①の実態生計費解析方式では生活水準の内容について実証することはできないからである。

一方，標準生計費（Ⅴの正常愉楽水準：Nor-mal）は，②の理論生計費方式（半物量方式，全物量方式いずれでもよいが）か，①の実態生計費解析方式（例えば，家計調査の並数値をとるなどの方式）が適切である。しかし，①の並数方式は生活水準がどのようなものであるのか，その内容についてはなんら説明してくれない点で不十分である。

3—11図 基準（最低）生計費の測定，算定方式

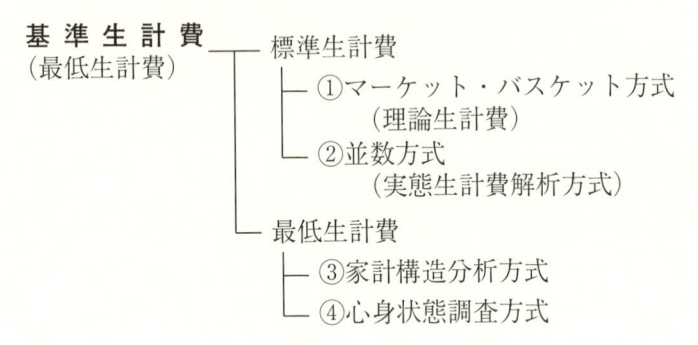

```
基準生計費 ─┬─ 標準生計費
(最低生計費)  │    ├─ ①マーケット・バスケット方式
              │    │    （理論生計費）
              │    └─ ②並数方式
              │         （実態生計費解析方式）
              └─ 最低生計費
                   ├─ ③家計構造分析方式
                   └─ ④心身状態調査方式
```

(5) 生計費不在のいま——生活大国を何で測るのか

　ところで今日，③の家計費構造分析方式や④の心身状態調査方式による最低生計費の本格的計測は行われていないし，②の本格的なマ・バ方式による標準生計費の計測も行われていない。人事院の標準生計費は平成２年までは②の(i)の半物量方式であったが，今日ではそれも①の実態生計費解析方式（並数方式）へ切り換えられるようになり，それがどのような生活内容を確保するものであるかの実証はまったくない。

　このように今日の生計費不在の中で，賃金は錨を失った小舟のように，生産性と労働市場の波間を漂うままとなっている。一体生活水準と結びついた賃金論はどこへ行こうとするのだろうか。

(6) 人事院の標準生計費——その活用と限界

　賃金を検討し決定する際の基準生計費には，標準生計費と，最低生計費の２つがあった。そしてその測定，算定方式は，それぞれ３—11図のような方式が適切であることを指摘した。

　しかしながら，①のマ・バ方式，③の家計構造分析方式，④の心身状態調査方式はいずれも決して容易な方策ではない。通常，労使

が継続的であれ非継続的であれ、把握測定することは現実的に無理である。

① **人事院標準生計費の意義**

そこで、その隙間を埋めるものとして、人事院の標準生計費がある。人事院の標準生計費は②の並数方式をとるもので、毎年、定期的に算定、公表されており、賃金検討の際の有力な生計費資料の1つになっている。なおこの標準生計費をベースに、一定の政策的推計方式で最低生計費をも求めることもでき、前記の各方式をカバーする形で基準生計費資料としての機能を今日果たしており、労使に重宝がられている。

② **人事院標準生計費の性格**

人事院の標準生計費は、昭和25年、8,058円水準算出の基準として世に出て以来、算定方法の細かな変化を経ながらも、"中等度の勤労をする成年男性"の生活を支えるのに最小限必要な給与の月額の目安として毎年公表され、今日に至っている。平成3年に算定方法は大きく見直しがなされたが（注1）、今日その算定方法は次のようになっている。

1人世帯については、全国消費実態調査（総務庁）の1人世帯について、並数階層の費目別支出金額を求め、これに年々の消費者物価、消費水準の変動分を加えて、各年4月の費目別標準生計費を算定する。

2～5人世帯については、家計調査（総務庁）における費目別の平均支出金額（日数を365／12日に、世帯人員を4人に調整したもの）に費目別、世帯人員別生計費換算乗数（マルチプル）（注2）を乗じて算定している。このマルチプルは、家計調査の標準世帯について、世帯人員別に並数階層の費目別支出金額を求め、これをそれぞれ4人世帯の費目別平均支出金額で除したものである。

3―3表　費目別,世帯人員別生計費換算乗数（平成21年4月）

費目＼世帯人員	2人	3人	4人	5人
食　料　費	0.452	0.607	0.762	0.917
住居関係費	1.035	0.945	0.855	0.765
被服・履物費	0.370	0.510	0.650	0.790
雑　費　Ⅰ	0.289	0.432	0.575	0.718
雑　費　Ⅱ	0.284	0.374	0.463	0.553

$$4人世帯平均支出金額 \times \left[世帯人員別の \frac{費目別並数支出額}{4人世帯平均支出金額} \right]$$

（マルチプル）

　つまり，4人世帯の費目別平均支出金額に，マルチプル（費目別，世帯人員別の平均に対する並数値の倍率）を乗ずることによって，世帯人員別の費目別並数階層の生計費を算出するという形をとっている。

　ともあれ，人事院の標準生計費は，まさに，並数方式によって，標準最低生計費を算出していることになる。

　（注1）　なお，平成2年4月分までの算定方法は，半物量方式（食料費についてはマーケット・バスケットを組み，これに実効価格をかけるという方式）をとっていた。すなわち1人世帯の食料費については，「家計調査」および「国民栄養調査成績」（厚生労働省）における食品の摂取状況を参考として作成した独身男性（18歳程度）のマーケット・バスケットに，実効価格（家計調査から得られた価格）を乗じて求められていた。2～5人世帯については，前記の平成3年の算出方法と同じになっている。

　（注2）　平成21年4月の標準生計費の算定に使用された費目別世帯人員別生計費換算乗数は，3―3表のとおりとなっている。

③　人事院標準生計費の限界

　以上のように，人事院の標準生計費は，並数階層の生計費であり，

前述の②の方式に該当し，まさに標準（最低）生計費としての性格を持つ。

つまり，並数階層者の賃金（標準的賃金）の最低水準として期待される水準を意味する。並数階層の標準賃金を若干上回るモデル賃金は，少なくともこの人事院の標準生計費を上回ることが望ましい。

しかしながら問題は，それが並数階層の生計費を示すものだとしても，どのような生活水準を内容とするものであるかについては，一切，説明してくれないことだ。生活水準→生計費というプロセスを経て設定された理論生計費ではないからである。したがって，標準者賃金の期待される現実的最低水準を示すとしても，一定の生活水準を維持し，かつ実現していくには，いくら賃金が必要であるかの指標とはなりえない。まして，豊かさを実現する賃金の決定基準とは到底なりえない。

また，世帯人員別（年齢別）生計費にしても，その換算乗数は，現実の賃金（収入）構造を反映したものであり，現実のゆがみやひずみをそのまま受けついでおり，現実を修正，是正し改善していくための基準資料とは，残念ながらなりえない。そこに，人事院標準生計費の限界がある。

④ 人事院標準生計費の活用

このように，人事院の標準生計費は，いろいろ問題点を含んではいるが，今日，定期的に毎年容易に入手できる並数階層生計費，つまり唯一の標準生計費という点で，やはり貴重であり，活用できる，いや活用せざるをえない資料であることは間違いない。

前述の性格を念頭におき，これにそれぞれの労使の政策を織り込んで活用していけば，十分に賃金の検討ないし決定の基準とすることができる。例えば，この標準生計費の10％アップを自社の標準賃金の最低基準とするあり方などである。

（i）政策的活用のあり方

過去の生計費の理論的分析からする経験値（例えば，1954年の労働科学研究所の「最低生計費の研究」などによる解析値：心身状態の転換点や，その後のいくつかの家計構造分析）によると，標準（最低）生計費の約80％水準に最低（基準）生計費がある。これをひとつの生計費規律とし，これを政策基準とすれば，人事院の標準生計費に八割を乗ずることにより，最低（基準）生計費を把握することができる。

　先に示した**3－2表**がそれである。先に示した**3－2表**の原資料が，平成21年4月についての人事院の標準生計費（全国）である。これをベースに，標準生計費と最低生計費を政策的に推定修正したものである。

　まず，人事院の標準生計費には，所得税，地方税，社会保険料などの諸負担費が含まれていないが，賃金には負担費が含まれているので，賃金の検討資料として標準生活費を活用するには，負担費率（家計調査における，消費支出に対する実支出の割合）を乗じて負担費込みの生計費に修正しなければならない。すなわち，**3－2表**のⅠ系列が負担費込みの標準生計費ということになる。

　これに0.8をかけて，最低生計費を求めたもの（標準生計費の8割の水準をどんな人にでも賃金として保証しようとする政策的決意によって求めた生計費）が，Ⅲ系列の最低生計費である。

　そしてさらに，「Ⅰ系列の標準生計費」の1.5倍（4～5人の標準世帯）をもって，望ましい生計費（愉楽生計費）とし，誰でもがこれを上回る賃金を目指すという政策値もありえよう。

　すなわち，次のとおりである。

- 最低生計費（3—2表のⅢ系列）
    いかなる条件の者もこれ以下の賃金はつくらない水準（保障最低基準）
- 標準生計費（3—2表のⅠ系列）
    標準条件の者はこれ以下の賃金はつくらない水準（標準者最低基準）
- 愉楽生計費（3—2表のⅡ系列）
    標準条件を上回る昇格・昇進者の賃金が目指す水準（標準者目標水準：管理職，専門職，専任職最低水準）

(ⅱ) 自社賃金の診断

ところで，これらの生計費をどのような形で，自社賃金の診断，分析に用いるかであるが，できれば，所定内賃金のプロット図の上に，生計費カーブを重ね，相互関連をみるようにしたい。

プロット図というのは**3—12図**のように，全従業員の賃金（個人別賃金）を方眼紙の上に打って（プロットして），その分布状態を観察したり，他のいろいろの指標（モデル賃金や生計費資料）と比較したり，分析したりする。

横軸に年齢をとり，縦軸に賃金額をとる。男女別，部門別，職種別で色を分け，また，管理職（時間外適用除外者）と非管理職とでは符号を別にし，区別がつくようにする。例えば，管理職は，⊖一般男性は黒で●，女性は赤で○，中途採用者は△というようにである。ただし中途採用といっても，30歳以上で勤続3年未満に限定し，それ以外はすべて標準採用者としてプロットする。プロット図は水準の分析をねらいとするなら所定内賃金プロット図，賃金体系の分析がねらいなら，基本給プロット図とすることが望まれる。

このプロット図の上に，**3—2表**の3本の生計費カーブを描き，

3—12図 プロットのあり方

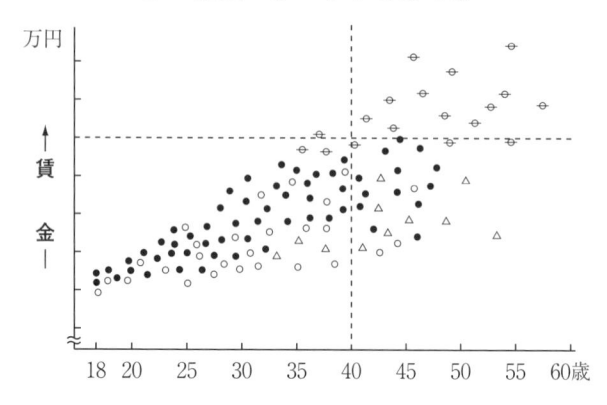

 それと，自社賃金の分布状態を観察し，問題点を把握するようにする。

 賃金の把握には，いくつかの個別賃金（ポイント賃金），モデル賃金，そしてプロット図（個人別賃金の分布図）の3つ，つまり，点と線と面の3つがあるが，やはり，できれば面でとらえるようにしたい。例えば，モデル賃金は高くても，中途採用者や女性賃金で低い人の賃金が1人でもいれば問題だからである。

 3—12図と3—2表を絡み合わせて，とくに次の諸点をチェックするようにしたい。

① 20歳代の賃金は，一定のピッチで右上がりになっているか（初任給上昇で乱れていないか）
② 中だるみはないか（30〜35歳層の賃金で，最低生計費カーブ，標準者賃金カーブをそれぞれ下回っている者はいないか）
③ 女性賃金，中途採用者賃金で遅れはないか
④ 40歳標準的課長の賃金水準は適切か

などである。

4 賃金統計の活用

　賃金の高さを的確に検討し把握していくには，あくまでも統計資料に頼らざるをえない。したがって賃金に関する統計資料を，どの程度フルにかつ正しく活用することができるかが，賃金の理解のうえにおいて重要な鍵を握っているということができる。

　今後は企業の中においても，労使双方に，それぞれ賃金統計の十分な理解者が必ず存在することが必須条件となるといってもよい。

　広義の賃金統計の分野は，次のようなものからなる。

・賃金統計
・生計費統計
・生産性統計
・雇用・労働市場統計

この他に人口統計や労働時間統計など，賃金ときわめて関連の深い労働統計が存在するが，やや狭義の賃金統計ということになれば，賃金そのものに関する統計情報と，賃金の決定基準に関する統計に限定されることとなる。

　つまり，賃金統計と呼ぶ場合，一般には賃金そのものに関する統計のみならず，生計費統計，生産性統計，雇用・労働市場統計までもが対象となり，その範囲は広い。そしてそれらは時系列さらに国際比較的なものまでが当然含まれる。

　さらに賃金統計は，その項目の立て方として，一般には水準統計，構造統計，制度統計といった分類がなされる。しかしこれら三者は相互に深い関連をもっており，厳密な意味で分類，区分することは難しい。

　いま主要かつ代表的な統計を一覧すると，**3—4表**のごとくであ

3－4表　主要統計資料一覧

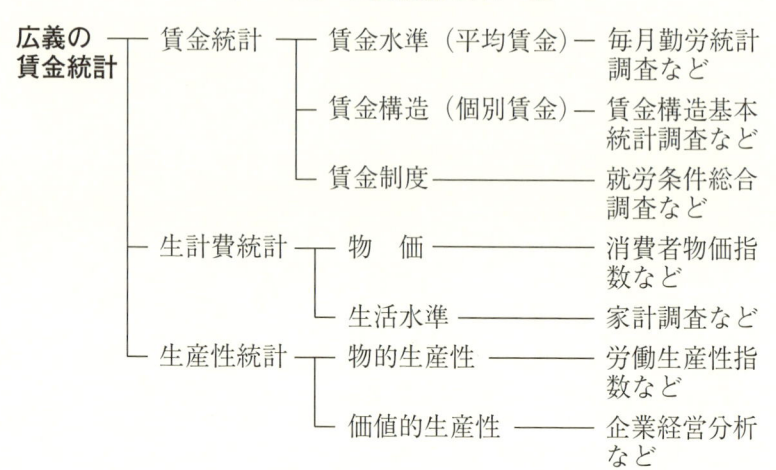

```
広義の ─┬─ 賃金統計 ─┬─ 賃金水準（平均賃金）── 毎月勤労統計
賃金統計 │            │                          調査など
         │            ├─ 賃金構造（個別賃金）── 賃金構造基本
         │            │                          統計調査など
         │            └─ 賃金制度 ──────────── 就労条件総合
         │                                       調査など
         ├─ 生計費統計 ─┬─ 物　価 ─────────── 消費者物価指
         │              │                        数など
         │              └─ 生活水準 ─────────── 家計調査など
         └─ 生産性統計 ─┬─ 物的生産性 ───────── 労働生産性指
                        │                        数など
                        └─ 価値的生産性 ─────── 企業経営分析
                                                 など
```

る。一般に賃金を検討していく場合，ここに掲げた統計は最も基本的なものであり，確実な知識と，その活用のあり方を知っておくことが必要である。

　これらを含めてとくに重要であり，かつ利用頻度が高いのは，
・毎月勤労統計調査（厚生労働省）
・賃金構造基本統計調査（厚生労働省）
・賃金事情調査（中央労働委員会）
・職種別民間給与実態調査（人事院）
・条件別賃金調査（商工会議所）
・都内中小企業の賃金事情（東京都産業労働局）
・就労条件総合調査（厚生労働省）
・消費者物価指数（総務省統計局）
・家計調査（総務省統計局）
・標準生計費（人事院または人事委員会）
・法人企業統計（財務省）
・主要企業の経営分析（日本銀行）

・労働生産性指数（日本生産性本部）

といったものであるから，できればこれらについては，そのなりたち，資料の性格を理解しておくと同時に，たえず手元に置いておくようにしたい。

主な各統計資料の概要は次のとおりである。

(注)（ ）内は順に調査機関名，調査回数，報告書の発行所を示す。

「毎月勤労統計調査」（厚生労働省，毎月）

賃金統計の代表的なもので，これをベースとして算定公表される賃金指数によって賃金水準の推移を知ることができる。産業別，規模別に賃金（現金給与総額と定期給与と特別給与）の推移を知ることができる。またこの調査をベースとして，常用雇用指数，入職・離職率が計算されるし，また実労働時間を把握することができる。なお，賃金についてはその時系列的推移を知ることが主たるねらいであって，必ずしもその高さを知るものではない。

「賃金構造基本統計調査」（厚生労働省，年1回）

個別賃金の高さや，格差構造を知る全国規模の最もスケールの大きい，かつ基本となる統計調査で，世界にも類のない詳細統計である。地域別，規模別，業種別，職種別，年齢別，勤続年数別，学歴別，男女別の賃金を知ることができる。定期給与，所定内給与が調査されているが，毎勤やこの賃金構造調査での定期給与（決まって支給する給与）とは毎月支払われる賃金で超過勤務手当をも含んだものとなっている。これに特別給与（賞与，一時金など）を合算したものが現金給与総額と呼ばれるところのものである。いずれも税引き前の金額で示されている。

「都内中小企業の賃金事情」（東京都産業労働局，年1回）

初任給資料として活用される。

「新規学卒者決定初任給調査」（日本経団連，年1回）

決定初任給資料として最も利用度が高い。

「賃金事情調査」(中央労働委員会，年1回)

モデル賃金，実在者賃金，一時金支給状況，定年制，年金，退職金，賃上げ配分，手当など，利用範囲は広い。ただし，資本金5億円以上で従業員1,000人以上の民間大企業を対象とした調査であることに注意すること。利用必須の統計資料。

「条件別賃金調査」(各市商工会議所，年1回)

いわゆる商工会議所モデルとしてなじまれ，経営者協会の経協モデルとともに，民間企業で最も利用率の高い賃金資料となっている。

「職種別民間給与実態調査」(人事院，年1回)

民間賃金の実情を多面的に知ることができる利用度の高い資料で，とくに職種別賃金を知るうえで欠かせない。

「新賃金傾向値表」(労務行政研究所，年1回)

18歳，勤続0年の賃金を100とした場合，各年齢各勤続の賃金は傾向的にみていくらになるかをあらわしたもので，格差傾向を知るのにたいへん便利な資料。労務行政研究所が前記厚生労働省の賃金構造基本統計調査をベースとして，独自に経費を投じて算出し，発表している。

「就労条件総合調査」(厚生労働省，年1回)

賃金制度，労働時間制度を知る官庁統計としては唯一のもの。時短，週休2日制などとの関連で，注目されている統計。

＊

ところで，賃金の高さを判断する場合，何を基準として高い低いというのか，できれば，その基準となるものを労使で確認し合っておくことが望ましい。でないと，とかく高い低いをめぐっての労使の論争が水かけ論に終わってしまうおそれがあるからである。賃金の高い低いを判断する場合の基準となるものを準拠指標という。準拠指標を労使で確認し合っておくことは，賃金の高さの判断や賃金の決定に1つの明確な基準を与えることとなる。

第4章

賃金体系

1 人材政策の心・技・体

　賃金体系を整備するには，まず新しい時代の人材政策の心・技・体を明確にすることが前提となる。

　新人材時代の心・技・体を示すと，4—1表のようになる。「心」は人材理念であり，とくにトップがこれを明確に意識することが土台となる。

　人材政策の「心」つまり理念はインド哲学をベースとする。それは社員に対する愛情である。しっかり全社員を育成しよう（能力主義），各人の意思と適性を活用しよう（加点主義），一人ひとりに対し思いやりをもって対しよう（思いやり）という一連の思いである。

　人材政策の「技」は，心を実行する政策であり，それは4—2表でみるように能力主義で人材を育成し，実力主義と加点主義で人材を活用し，成果主義で努力に報いてあげようという4つの柱からなる。

　さらに，この4つの政策を具現化していくには4—2図でみるような12個の人事システムが現場の労使に求められる。

　労使が一体となって少なくとも2〜3年の歳月をかけてこの12個

4—1表　新人材政策の心・技・体

心	技	体	
理念	政策	システム	運用
3か条	4側面	12個	日常
トップ	上層幹部	現場	労使
インド哲学	MIND ＞ MONEY	正しい理解	前向き

のシステムを整備することが求められる。人材政策はマネーよりもマインドが大切であることを肝に銘じたい。

4－1図　人材理念―トップ

インド哲学 ─┬─ 人間の価値は皆同じ（能力主義）
　　　　　　├─ 人間の価値観は皆異なる（加点主義）
　　　　　　└─ 現状は過去の環境の運・不運による（思いやり）

4－2表　人材政策4側面――上層幹部

労働市場の変革		4つの人材理論
売り手市場→買い手市場	成果主義	
能力≠実力	実力主義	
自己主張，意識多様化	個尊重主義すなわち加点主義	
高齢化	能力主義	
外部化，専門化		

※ MONEY よりも MIND を重視

4－2図　人材システム――12個――現場労使

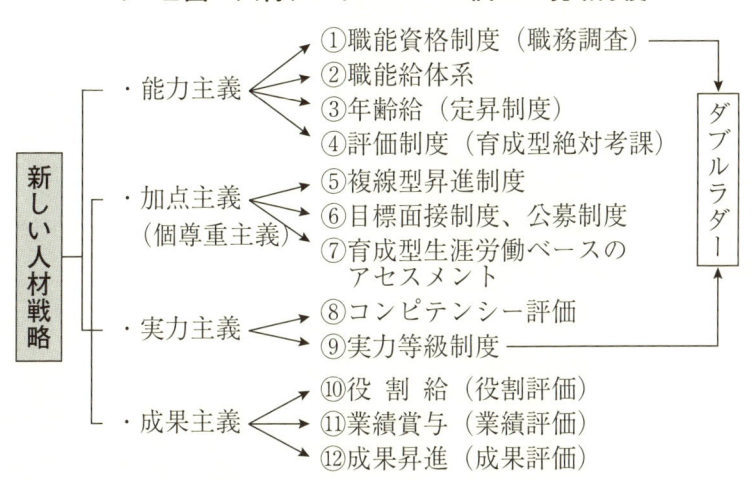

新しい人材戦略
- ・能力主義
  - ①職能資格制度（職務調査）
  - ②職能給体系
  - ③年齢給（定昇制度）
  - ④評価制度（育成型絶対考課）
- ・加点主義（個尊重主義）
  - ⑤複線型昇進制度
  - ⑥目標面接制度、公募制度
  - ⑦育成型生涯労働ベースのアセスメント
- ・実力主義
  - ⑧コンピテンシー評価
  - ⑨実力等級制度
- ・成果主義
  - ⑩役　割　給（役割評価）
  - ⑪業績賞与（業績評価）
  - ⑫成果昇進（成果評価）

①、⑨→ダブルラダー

2　労使による改善スケジュール

(1)　賃金体系の基本知識

①　個別賃金の決定基準

　個別賃金は公正でなければならない。賃金管理とは，労使が個別賃金の公正さを求めての努力であるといっても過言ではあるまい。ではいったい，個別賃金の公正さとは何であろうか。

　それは賃金の決定基準にそくした賃金であるといってよいであろう。すなわち個別賃金の公正さの条件は，労働対価の原則と，生活保障の原則の2つを満たすことである。労働対価の原則とは，働きに応じた賃金であり，生活保障の原則とは，賃金によって誰でも一定の生活が保障されねばならないという原則である。つまり賃金は，各人の働きにみあったものであると同時に，一定の生活が確実に保障されることを必要とする。いずれかが満たされない場合，以上の個別賃金決定基準からすでに明らかであるように，それは公正であるとはいい難い。

　ところで労働対価の原則は，具体的には労働と労働力の価値に応じた賃金である，といえる。労働の価値がいわば仕事であり，労働力の価値がいわば能力なのである。

　一方，生活保障の原則は，わが国の場合，欧米に比べ年齢別生計費格差がきわめて大きいので，結局，年齢別生計費を満たすことが現実の問題となる。したがって生活保障の原則は，具体的には年齢別生計費という要素で置き換えることができよう。

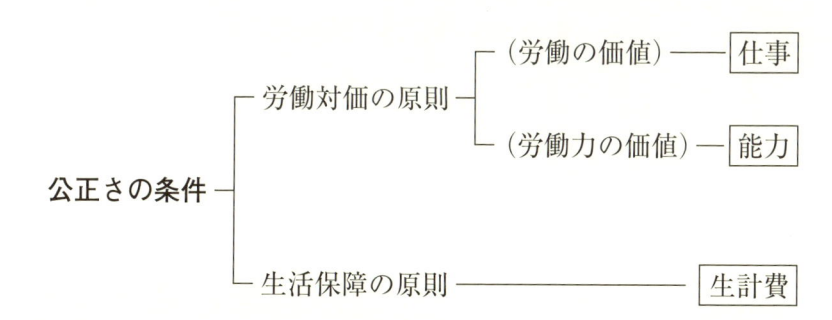

```
                              ┌─ (労働の価値) ──── 仕事
                ┌─ 労働対価の原則 ─┤
公正さの条件 ─────┤              └─ (労働力の価値) ── 能力
                │
                └─ 生活保障の原則 ─────────────── 生計費
```

　以上からして，個別賃金の公正さを満たす決定基準は，結局，仕事と能力と生計費の3つの要素からなるといえよう。どんな仕事をしているか，どんな能力があるか，どれだけの生計費を必要とするか，この3つこそがまさに個別賃金の公正さを実現していくうえにおいて，必要にしてかつ十分な要素であるということができる。

　ところで仕事だが，それはつらさと難しさの2つからなる。次に，能力は，潜在能力と顕在能力の2つに区分してとらえることが可能となろう。顕在能力というのは，保有している能力を現実の仕事を通じて発揮した能力で，いわば遂行度という形で表現できる。潜在能力というのは保有能力のことであり，具体的には知識・技能の修得度と仕事への習熟度の2つに置き換えることが可能であろう。

　結局，個別賃金の公正さの条件を守るための賃金決定基準は，仕事のつらさ，難しさ，遂行度，知識・技能の修得度，習熟度，そして年齢（生計費）の6つであると説明することができる。

　これを受けて賃金体系における近代化の方向はどうであろうか。

(i) 決定基準の明確化

　さきにあげた3つの決定要素のうち，結びつけ方が不十分なものがあるならば，これを正しく賃金に反映させ，またそのとらえ方が間違っているものがあるならば，正しくとらえ直す。どのような要素にどのような比重を与えるかは，置かれている諸条件によって決まるものであるから，労使で十分諸条件を検討して決定し，たえず

4―3図　個別賃金の決定基準

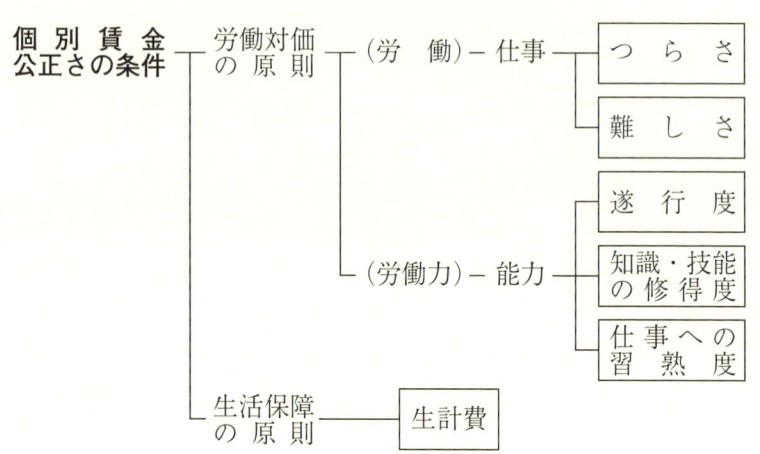

```
個別賃金 ─┬─ 労働対価 ─┬─ (労　働) ─ 仕事 ─┬─ つらさ
公正さの条件 │  の原則   │                    └─ 難しさ
         │          │
         │          └─ (労働力) ─ 能力 ─┬─ 遂行度
         │                              ├─ 知識・技能の修得度
         │                              └─ 仕事への習熟度
         │
         └─ 生活保障 ─── 生計費
            の原則
```

時代の変化に適応できる体制を維持しなければなるまい。

　従来の年功賃金は，仕事の面，能力の面の反映がとくに欠けてもいたし，あいまいでもあったから，この点を整備すると同時に，段階的に，徐々にこれらの賃金への反映ウエイトを高めていくことが必要であろう。ただし個別賃金というものは，それぞれによって各人の生活が現に営まれているのであるから，急激な変化は避けるべきである。昨日までの秩序が間違っていたからといって，ある人の賃金を急激に下げたり，ある特定の人の賃金を急激に上げたりすることは，厳に戒められるべきである。

　賃金体系を変えるということは，個別賃金の相互の格差をやがて変化させることを意味するのであるから，十分納得のいく形で，しかも漸進的に行うことが基本となる。

(ii)　賃金表の設定

　従来の年功賃金の欠点のひとつは，賃率概念の欠如である。初任給プラス継ぎ足し昇給，という形で賃金が決められてきた。したがってそれはあくまでも継ぎ足し方式である。絶対基準はない。つ

まりどのような仕事，どのような能力，そして何歳，勤続何年であるならば，賃金はいくら，という形で絶対的なレートつまり賃率が明示されていないのが欠点である。

　これでは，例えば中途採用者の賃金決定を明確にすることはできない。また初任給の上昇が行われた時，これに対応して各人の賃金をどのように調整するかにも，明確な基準を得ることができない。

　当然のことであるが，将棋盤がなくては将棋は指せない。碁盤がなくては碁は正しく打つことはできない。賃金を正しく決めるためにも，労働力の定価表である賃金表をまず設定し，個別賃率概念を明確にしていくことが前提となる。このような賃金表は，個別賃金決定基準との対応関係があくまでも明示された形で，しかもわかりやすく，運用されやすい形で設定されていることが，最も望ましいといえよう。

(iii)　人事諸制度を整備する

　職務の正しい評価，能力の正しい判定，十分な教育訓練，適正な配置基準，こういったいわば人事諸制度が整備されていない限り，賃金を正しく決めることは不可能である。とくに企業内賃金決定としての性格が強いわが国においては，ことさらに重要であろう。

　いったい能力主義とは，①能力の正しい把握，②能力の開発，③能力に応じた処遇つまり能力に応じた配置，そして④能力に応じた賃金決定，の4つの項目からなるのである。ただ能力に応じて賃金に差をつけるということのみが，能力主義では断じてない。

　まず賃金体系を整備し，近代化するためには，人事制度そのものを整備し，近代化することが前提となる。ともすると人事諸制度はそのままにしておいて，ただ賃金体系のみを修正すれば事足れりとする考え方があるが，これは正当な考え方であるとはいえない。

(iv)　社会・生活環境の整備

　また賃金は，社会・生活環境のあり方と深くかかわりあう。環境

が不備であれば，いろいろな手当をくっつけたり，生活給体系を温存することがいつまでも必要となる。同一価値労働同一賃金という理想的な賃金に接近していくためにも，まず社会・生活・労働環境が整備されていることが前提となるのではあるまいか。

いま，日本の賃金の最大の問題は，年齢別生計費格差は大きいのに，年齢別賃金格差は縮小してきた点である。だからいまの日本の賃金は，単身かつ若年層は比較的生活費との関連で楽であるが，結婚をし，子供を産み，子供が大きくなればなるほど，生活は相対的に苦しくなる。いわば中高年層ほど，賃金の赤字化は激しい。これは経済成長の中で社会・生活環境の整備が相対的に遅れているからにほかならない。社会資本の充実を図りながら，年齢別生計費格差を小さくすれば，当然生活給体系から離脱することができ，このようにすれば同一価値労働同一賃金に接近することができる。とするならば企業は必ずしも若年層にのみ労働需要を求めることなく，中高年層の活用も比較的容易となり，初任給上昇と中高年層賃金上昇との調和も保たれることとなる。

年齢別生計費格差を修正するような努力を怠って，ただ一途に一律配分とか，年齢別賃金格差の縮小を追求するあり方は，あまりにも問題が多すぎる。年齢別賃金格差が小さくなることが，いかにも賃金の平準化，近代化の方向であるかのごとき錯覚が今日あるのは，あらためて再検討さるべきである。

(v) 産業レベルでの賃金政策

同一価値労働同一賃金は，本来社会的なものである。たとえさきほど述べたように賃金決定基準が明確であったとしても，それが企業の中だけで，例えば職務評価，職務分類，能力評価，職能資格制度の設定などが行われたとしても，それは所詮，企業内同一貢献同一賃金の域から脱することはできない。つまり，本来の同一価値労働同一賃金とはほど遠いものとなる。

このように考えると，日本の企業別賃金決定自体を変えることはできないし，また必ずしもそれが得策であるとはいえないが，少なくとも，例えば職務評価基準とか，職務分類制度基準とか，職能資格基準などについては，できるだけ産業別統一基準みたいなものを今後いっそう発展，整備していくことが望ましいところとなる。幸いにして最近労働組合側は，個別賃金政策を発展させる中で，このような産業別統一基準を整備する気運にあるが，いまのところまだ年齢別最低賃金設定に留まっている。今後これらの個別賃金政策を発展させる過程で，産業別統一基準が職務評価，能力評価，分類制度まで及んでいくことを期待したい。

(vi) 付加的賃金の整備

基本賃金の不備，社会生活環境の遅れ，こういった日本の特異性が，賃金の面においてもいろいろの手当や，臨時給与などを付加することを必要とし，必要以上に賃金を複雑なものとしている。そしてそれが賃金の比較を難しくしたり，賃金のゆがみを増大させる一因ともなっている。公正な個別賃金に接近させるためにも，賃金は基本給を中心に整備していくことが必要であると同時に，一方，貨幣賃金以外の現物的なものは，できるだけ社会負担の中で処理されるような方法がとられる必要があると思われる。

以上が賃金体系を近代化するにあたっての基本的方向である。

ところでかつて60年代においては，労働組合においては賃金体系を議論することは，むしろタブーでさえあった。"労働組合は平均賃金，大幅賃上げさえ議論すればよい，個別賃金の配分の問題は組合内部の利害相反する問題であり，組合自らが取り上げるべき問題ではない"という認識が強く"しょせん，どのように変えようとも，搾取の賃金体系である限りにおいては変わりなく，組合自らがタッチすべきでない"という風潮が一般的であった。しかし，70年代，80年代を経て労働市場の変容，産業・生活環境の変革，ライフ

4―4図　賃金体系の類型

```
            ┌ 仕事基準賃金 ┌ 能率給
            │  (J基準)    └ 職務給……(アメリカ)
            │
            │             ┌ 職種給……(西欧)
            └ 人間基準賃金 │ 職能給 ┐
               (P基準)    │       ├ 社員給……(日本)
                          └ 年功給 ┘
```

スタイルの変化が進む中で，90年代から2000年代始めにおいては，成果配分との関連で労働組合側も積極的に個別賃金政策を展開する動きにあった。

① 平均賃金の平準化から脱して，個別賃金の平準化を目指しつつ，本来の同一価値労働同一賃金を達成しようとしていること。

② 内部における個別賃金格差をめぐる，例えば中だるみとか，中高年層の赤字賃金など，もろもろの不平不満に対し，何らかの修正・改善策を，労働組合自らが取り上げざるをえなくなってきたこと。

③ 平均賃金引上げ論では限界が生じ，また賃上げ闘争に個々の労働者を集約していくうえにおいて，十分な効果を上げえないこと。

これらの個別賃金政策を労働組合自らが取り上げることは，労働組合自らが賃金体系に積極的に参加していかざるをえないことを示す。これは日本の賃金の近代化にとって，きわめて望ましい方向であるということができる。できることなら，今後労使共同で賃金の現状分析を行い，共同で賃金体系近代化の大原則を考えていくような状態が広がっていくことを期待したい。

② 賃金体系の種別

賃金を決めるシステムを賃金体系というが，その賃金体系には基本的に5つの種類がある。すなわち，4―4図のごとくである。"ど

4—3表　賃金体系別長所と短所

賃金の種類	人件費の 合理性・刺激性	組織の 柔軟性・安定性
能　率　給 職　務　給 職　種　給 年　功　給	強 ↑ ↓ 弱	低 ↓ ↑ 高

れだけやったか"に対する「能率給」，"いま何をやっているか"で決める「職務給」は，いずれも仕事を基準にしている。いわば仕事基準賃金である。一方，"ある職種についてどれくらいのことができる人か"で決める「職種給」，および"社員として何がどれくらいできる人か"で決める「職能給」ないし「年功給」はいずれも人間を基準にしている。いわば人間基準賃金である。このように賃金体系は大きく分けて，仕事基準賃金（Job基準）と人間基準賃金（Personnel基準）の2つがあるということになる。J基準賃金はいわば仕事に値札がはってある仕組みであるのに対し，P基準賃金は人の背中に値札がはってある形式のものといえる。したがってJ賃金はその仕事を離れれば賃金も変わることになるが，P賃金は仕事を変わっても賃金は変わらない。賃金はその人にくっついていくからである。

・仕事基準賃金——"労働"対価　｜賃金
・人間基準賃金——"労働力"対価　｜

はたしていずれが優れているのだろうか。

　たくさんやれば高い賃金，いい仕事をやれば高い賃金，その逆ならば低い賃金，という点で能率給や職務給は刺激性は高く，人件費の適正さといった点からも優れている。したがって，刺激性とか適正人件費といった点を重視するなら，能率給や職務給を選択することが望ましいであろう。

一方，職種給や職能給は，刺激性や人件費適正性といった点では劣るが，安定性といった点で優れており，とくに，組織の柔軟性や創造性といった立場からすると，職種給や職能給は長所をもつ。
　とくに社員給としての職能給は職種や職務がどんなに変わっても賃金は変わらないから，異動が自由で組織は柔軟性に富み，構造の変革にも柔軟に対応できる。職種給は，同一職種であれば職務は変わっても賃金は不変だが，職種が変われば賃金は上下する。したがって安定性，柔軟性からすれば職種給よりも職能給がいっそう優れていることになる。結局，いずれの賃金体系を選ぶかは政策の問題であるといえる。
　なお能率給は，すでに今日においては有意性を失いつつある。組織や技術の高度化，複雑化の中で，個人個人の能率の把握が難しくなっていること，および個人の能率よりも"組織全体の能率"つまり「生産性」のほうが今日的に高い意義をもつに至っていること，といった事情があるからである。そこで賃金にしても，能率給よりも組織全体の生産性の成果を各人の努力に沿って配分するという「成果配分賃金」のほうが，今日的にははるかに意義をもつといってよい。とくに刺激性，人件費適正性の乏しい職種給や職能給の場合，成果配分賃金は不可欠のものということができる。

③　基本給の組み立てパターン

　賃金は，一般に「基本給」と，それ以外の「付加的な手当」からなっている。基本給というのは，いわば賃金の基本的な部分であって，全員を対象として誰の給料明細表にも入っている賃金項目部分なのである。これに対し，手当というのは，ある特定条件の人の給料明細表のみに入っていて，その人の特定条件をカバーする役割を果たす部分である。
　ところで個別賃金決定基準の6つの要素の中で，仕事のつらさは，一般に手当で処理されることが多い。というのは，仕事のつら

さは，特定の作業条件なり作業環境に作用されるもので，仕事や職場の変更により，この条件も変わる。環境の良い仕事から環境の悪い仕事へ，環境の悪い仕事から環境の良い仕事へと，同一職種でも，そのような変化はありえるからである。

そこで，基本給構成を考えるうえにおいての最も基本的な問題は，5つの要素をどうまとめるかである。

1つの賃金項目にまとめた場合，それは総合決定給と呼ばれ，いくつかの賃金項目に分類してまとめた場合，それは要素別決定型，または並存型，さらには複数立てなどと呼ばれる。例えば，賃金決定要素の中で，①仕事の難しさ，遂行度，知識・技能修得度というグループと，②生活保障の意味をもつ年齢，の2つのグループに分け2本立てとすることもできる。一般的には，基本給を構成する場合，4—5図ないし4—6図でみるように，大きく分けると3ないし4つのタイプがあることになる。

本来，賃金は一定の労働に対し，または労働力に対し支払われるものであるから，いくつかの賃金項目に分けることは望ましくないが，しかし，賃金項目ないし賃金算定基準を明確にするためには，要素別に区分しておくことが望ましい面が多い。

とくにわが国においては，生活給体系が必要で，この場合，年齢という要素と仕事や遂行度という要素とは，あまりにも相互に異なった性格をもっているために，これを1つの賃金項目の中で処理しようとすると，どうしても無理が生じたり，ゆがみが生じたり，つい運用の面で年齢とか勤続とかいう要素に引きずられてしまう可能性が出てくることになる。以上にてらし，いま1つの典型的な体系例を示すと4—7図のようになる。

④ 年齢給の今日的機能

いまここに，仮に25歳と40歳の2人の従業員がいて，両者の仕事と能力が同一であるとする。この場合，労働対価の原則からすれば

4－5図　賃金体系の組み立て方

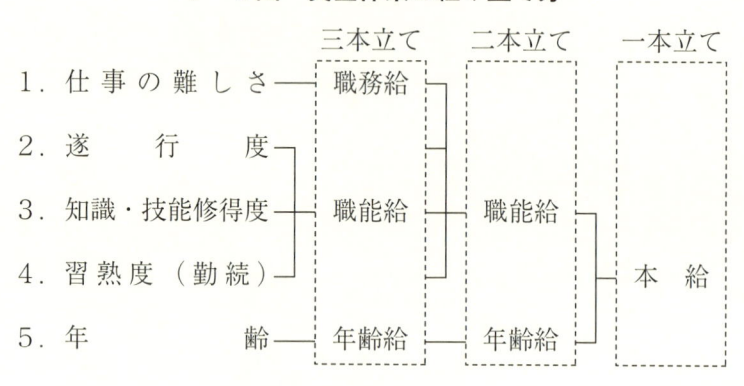

```
                          三本立て    二本立て   一本立て
1. 仕事の難しさ ─── 職務給  ┐
2. 遂 行 度 ──────┐       │
3. 知識・技能修得度 ─ 職能給 ─ 職能給 ┐
4. 習熟度（勤続）───┘              ├ 本 給
5. 年 齢 ───────── 年齢給 ─ 年齢給 ┘
```

4－6図　基本給のタイプ

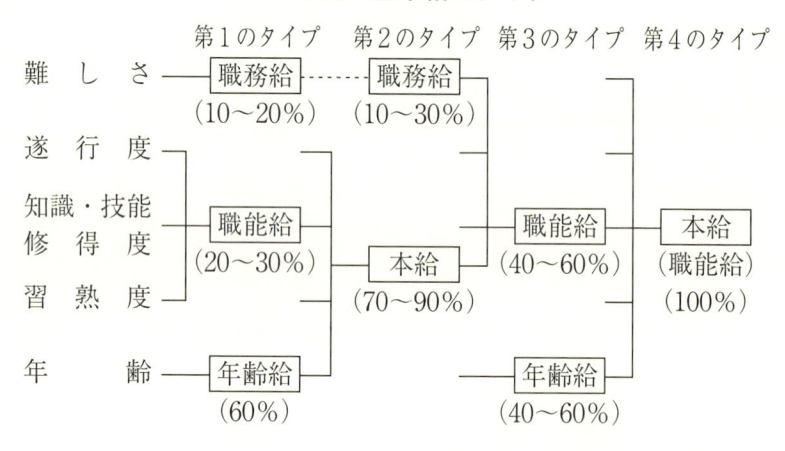

```
              第1のタイプ   第2のタイプ   第3のタイプ   第4のタイプ
難 し さ ──── 職務給 ┄┄┄┄ 職務給
              (10～20％)    (10～30％)
遂 行 度 ┐
知識・技能│    職能給              職能給        本給
修 得 度 ├─  (20～30％) ─ 本 給 ─ (40～60％)   (職能給)
習 熟 度 ┘               (70～90％)             (100％)
年   齢 ──── 年齢給               年齢給
              (60％)                (40～60％)
```

2人は同一賃金でよいはずだ。しかし，それでは40歳の従業員の生活は十分まかなわれないこととなろう。そこで生活保障の原則を満たそうとすると，4－8図でみるように，一定の傾斜（世帯最低生計費格差）の上に40歳の賃金を乗せねばならないことになる。

つまり，一定の傾斜の上に同一価値労働同一賃金の原則を満たすことが可能となる。このように，賃金体系の中に一定の傾きを与える機能をもつものが生活給（年齢給）にほかならない。

4―7図　賃金体系の組み立て（典型的なあり方）

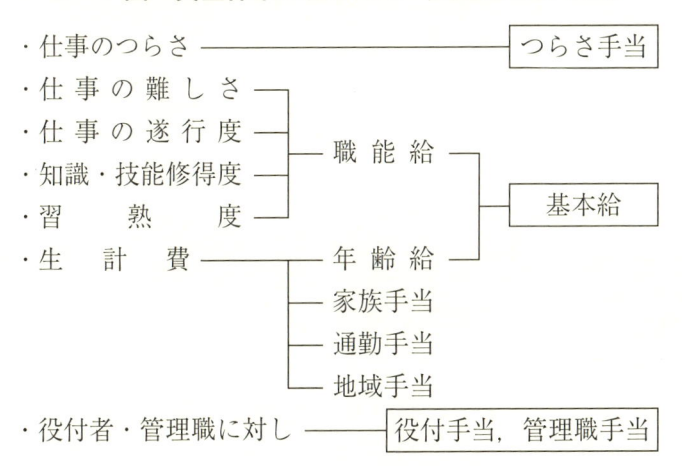

- ・仕事のつらさ ────────────── つらさ手当
- ・仕事の難しさ ┐
- ・仕事の遂行度 │
- ・知識・技能修得度 ├─ 職能給 ┐
- ・習　熟　度 ┘   ├─ 基本給
- ・生　計　費 ──── 年齢給 ┘
　　　　　　　├─ 家族手当
　　　　　　　├─ 通勤手当
　　　　　　　└─ 地域手当
- ・役付者・管理職に対し ──── 役付手当，管理職手当

4―8図　年齢給の役割

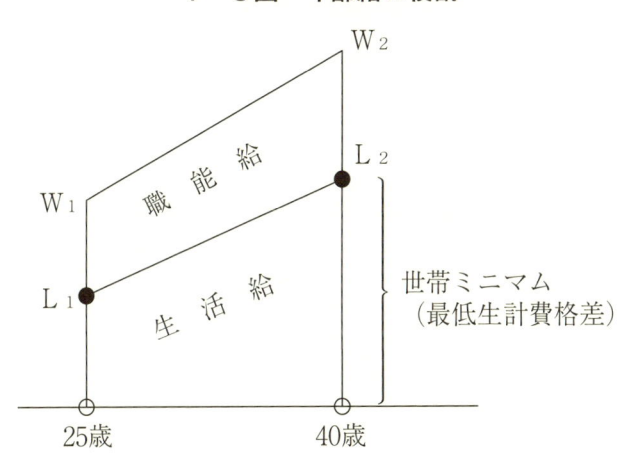

（職能給／生活給の台形図。横軸に25歳（L_1）と40歳（L_2）、縦軸にW_1、W_2。L_1からL_2にかけて世帯ミニマム（最低生計費格差）が示される）

(2) 日本的人事と今日的賃金体系

① 人と企業の結びつき―3つのパターン

　およそ賃金はその国の労働市場の成り立ちと深いかかわりあいをもつ。労働市場と無縁では賃金はありえない。アメリカと西欧と日

本とでは労働市場の成り立ちが異なり、それが前述のような賃金体系のあり方を形成している。

　西欧の場合、職種別労働市場が伝統的に形成されている。労働組合はトレードユニオンである。つまり各人は自らの職種（職業）を定め、そのうえでその職業能力を提供する形で企業と雇用契約を結ぶ。つまり一定の職種が労働者にとっての本籍地であり、企業は労働の場であるといえる。したがって西欧の労働者は職種意識がきわめて強い。賃金も社会的に横断的な労働市場で決まり、企業ではそれにドリフトの形で賃金をなにがしか積み上げる。賃金は職種別に社会性が強く、したがって職種給が基本とならざるをえない。

　一方、アメリカでは企業は職務を定め明示し評価（等級と賃金）したうえで、職務に人をつける形で労働者を採用する。つまり企業と人は職務でしっかり結びつく。労働者は職務意識が高く、ジョブセキュリティ（職務保障）に対してこだわる。

　おのずから賃金は職務給ということになる。職種を決めて採用するなら職種給、職務を決めて採用するなら職務給という形をとるのは当然であろう。

　ところで、わが国の場合、企業と人とは社員として結びつく。人を採用し、企業の中でいろいろの仕事を経験させ、能力を高め広げ、内部で昇進、昇給していく。つまり企業内労働市場の機能がきわめて強く内部昇進制が基本をなす。したがって職種や職務は、企業内での配置の問題であり本質的なものではない。労働者はおのずから社員意識が強いものとなる。

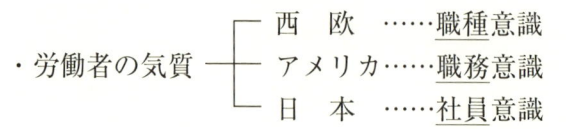

・労働者の気質 ┬ 西　欧　……職種意識
　　　　　　　├ アメリカ……職務意識
　　　　　　　└ 日　本　……社員意識

　賃金制度を考える場合、大切なことは人と経営の結びつきがどうあるかである。

② 日本的人事・賃金——社員の成長の側に視点を置く

以上のようにアメリカにおいては職務給の考え方が基本をなす。職務記述，職務分析そして職務評価をとおしてそれぞれの職務の等級（職務等級制）と賃金（職務給）が決まる。一方，西欧においては職種給の考え方が基本をなす。職種別熟練度で等級が決まり賃金が決まる。すなわち職種別熟練度別賃金である。そして日本では，社員としての能力で賃金を決める社員給がメインである。

世界にはそれぞれの国の事情に応じて異なった賃金体系が根づいている。異文化の風土の中で，それぞれ培われてきた賃金体系に対して，それをみつめ理解していくことが大切であろう。

(i) 社員給（日本的人事・賃金システム）のメリットとデメリット

社員の成長の側に視点を置いたところの，いわゆる日本的な社員基準賃金（社員給）はわが国の労働市場形態や雇用慣行に沿ったもので，それなりに数々のメリットをもっている。

① （ソフトな組織）職種や職務を超えて従業員の異動が自由であり，モビリティ（異動性），フレキシビリティ（柔軟性）が高く構造変革への対応が容易である。
② （クリエイティブな経営）"人が仕事を創る"というあり方が基本で，経営は創造性に富む。
③ （労使関係の安定）従業員の社員意識が高く，人と経営との連帯感が高く，労使関係は安定的で協調的である。
④ （人材の育成と活用）社内でキャリア形成が容易であり，能力開発，人材の機動的活用が有効となり，企業内部での昇進，昇給が人材の定着と労働意欲の高揚をプロモートする。

いわば社員基準賃金は，社員の成長の側に視点を置き，企業内労働市場のメリットを存分に活かす賃金体系であるという点で長所をもっている。

しかしながら一方，労働市場の変容，価値観の多様化の中で，従来の社員賃金は今日すでに数々の矛盾と問題点を表面化させいきづまりをみせつつある。それが年功を基準とした年功給であったことを主としている。年功とは，学歴，性別，勤続を基準とする人事・賃金システムをいう。

① 年功賃金は，学歴，性別，身分，勤続といった属性主義（努力をしてもひっくり返すことができない要素による処遇システム）であり，それは努力否定の体系である。

② 高学歴化，女性の労働力化，高技術化，ホワイトカラー化の中で，決定基準の有意性が失われつつある。

③ 男性中心の標準採用者を対象として，画一的な勤続による年功人事・賃金では，今日の労働市場の変容，雇用形態，就業形態の多様化の中で人材の安定的な処遇や有効活用はできない。

④ 人材の多様化，価値観の多様化に対し没個性的な年功人事では対応できない。

⑤ 定年延長の中で，人件費の適正さ，人材の活用，中高年層の雇用確保を阻害する。

⑥ クローズドされた企業内労働市場を土台とする年功賃金では，労働市場のオープン化を進めることはできない。

(ⅱ) 加点主義人事への転換

　日本的人事は，人間基準人事ではあったが，必ずしも一人ひとりの意思と適性をみつめ，それを最大限に活かす人間尊重の人事ではなかった。いわば，うしろ向きの，人材をダメにする減点主義人事であったといえる。

　そこでこれからは，働きがいと組織の活性化を目指して，人材をしっかり育成しチャレンジをほめたたえて，人材の活用を図る，前向きの加点主義人事に転換していくことが求められる。

　つまり，次の要件となる。

① 年功基準を排し，機会均等（評価，育成，活用，昇進，処遇すべてにおいて）
　(A)　職能等級制度 ─┬─ 資格（職能肩書制度）
　　　　　　　　　　 └─ 賃金（職能給）
　(B)　処遇＝ 昇格 　（能力開発主義）　┐
　　　　　　　　　　　　　　　　　　　 ├ の分離
　　　　配置＝ 昇進 　（実力活用主義）　┘
② 一人ひとりの意思と適性を尊重しての評価・育成・活用（挑戦主義）
　(C)　目標面接制度（挑戦による経営参画）
　(D)　複線型昇進制度（昇進の多様化）
③ 企業側の論理（期待像）と労働者側の論理（働きがい）の調和
　(E)　諸制度のフレックス化
　(F)　労使協議制
　(G)　選択，公募制度
④ 生涯労働の充足
　(H)　知力，体力，気力のメンテナンス
　　　　　　　　　　（時短，リフレッシュ休暇）
　(I)　一律定年制の廃止
　(J)　役職定年制　→　ゾーン役職勇退制度
⑤ 成果の公正配分
　(K)　春闘機能の強化，産別機能の強化
　(L)　成果配分賃金の導入
⑥ 労働関係の拡大
　(M)　雇用形態の多様化と労組組織

　上記にてらして，少なくとも，次の5つのシステムの整備が必要となる。

　　① 職能資格制度の導入
　　② 目標面接制度・公募制度

③　複線型昇進制度
　④　職能給・生活給体系の整備
　⑤　評価制度の整備（育成型加点主義絶対考課，生涯ベースの育成型アセスメント）

　いずれも，相互に深くかかわりあっているので，トータルとしてこれらの諸システムを，労使協力していくことが，今後の大きな課題となりつつある。

　(iii)　日本的雇用慣行を活かすこれからの賃金体系——職能給

　年功賃金ではもはやっていけない。かといって，日本的労働市場や雇用慣行になじめない欧米風の賃金体系に転換することは適切ではあるまい。とすると，年功賃金と同類の社員給としての"職能給"への転換が適切でもあり賢明な選択だともいえよう。

　社員給 ┬ 年功給
　　　　 └▶ 職能給

　職能給は，学歴とか性別とか身分とか勤続など属性的要素にこだわらず，正当に社員としての能力を評価し，それで賃金を決定しようとするものである。職能給であれば，年功賃金のデメリットは排し，メリットは存分に活かすことができる。

　職能給に役割給を付加する形つまり日本型成果主義が，これからの賃金体系のメインとならざるをえまい。

　「職能給」＋「役割給」

　職能給は，人間の成長の側に視点を置く人間基準賃金であり，人材の評価，人材の育成，生涯を通じての人材の活用を意図するものである。決して単なる差別主義，排除主義の賃金ではない。

　③　雇用形態の多様化への対応

　ただしこれからの雇用形態は多様化する。職能給と役割給をメインとしても，それだけではやっていけない。仕事を決めて採用する人たちもこれからは増えていこう。パートタイム労働やアルバイ

ト，臨時，日雇いなどである。これらの労働に対しては，やはり「職務給」（同一労働同一賃金）が適切であることはいうまでもない。

また，社会的な専門職種が増加し，企業としても職種をオーダーして採用する人材も増加する。このような専門的職種については，西欧風の職種給がよくにあうはずである。

$$\left\{\begin{array}{l}通常の社員 \quad\quad\quad\quad\quad ……職能給 \\ 仕事を決めて採用する社員など……職務給 \\ 専門的職種 \quad\quad\quad\quad\quad ……職種給\end{array}\right.$$

労働市場の変容にそくして，人事，賃金などの処遇システムを多面的に構築していくことが，これからの労使に求められてくることとなろう。

ただ単に人件費の節約とか，意欲の刺激性のみを追って，人事・賃金制度を再編していくことは決して望ましいことではない。いかに人材を育て，人材を活用してマインドを高めることができるかを念頭に置いて，新時代の人事・賃金制度をみつめていくようにしたい。方向を誤ってはならない。

④ **賃金体系の組み立て**

(i) キャリア形成と世帯形成

社員の成長の側に置いた賃金を考えるとして，社員の成長には２つの側面がある。キャリア形成と世帯形成である。キャリア形成というのは，生涯労働を通して仕事や能力を高め広げ深め続けていくことであり，世帯形成というのは，結婚をし子供を産み子供を育てていくという生涯生活の側面のものである。働きがい，生きがいを高め，生涯労働生産性を高め，社員の成長の側に視点を置く日本的人事を実りあるものにしていくには，このキャリア形成と世帯形成の２つが確実であることが求められる。

とくに高齢化，産業構造の変革，技術の高度化といった新しい情勢の中で，ともすると，生涯労働，生涯生活が不安定となるおそれ

をもつだけに，労使が力を合わせて，ライフサイクルをみつめキャリア形成と世帯形成を誰でもが充足できるような条件を整えていくことが大切である。

　さてそこで，日本的能力主義に沿った賃金体系ということになると，キャリア形成に沿った部分と世帯形成に沿った部分の2つをもって構成されることとなる。

　　　　社員の成長 ┬ キャリア形成（生涯労働）──職能給
　　　　　　　　　 └ 世　帯　形　成（生涯生活）──生活給

　すなわち，生涯労働を通してのキャリア形成に対応するものが職能給であり，一方，世帯形成にみあうものが生活給である。両者をもって，社員成長主義の賃金体系は成立する。賃金にはそもそも，労働対価の原則と生活保障の原則と2つあり，いずれが欠けても賃金としては，その機能を十分に果たすことはできない。とくに，賃金は労使関係の接点であり，したがって，賃金体系は労使双方で合意が得られるものであることが要件であるが，それには，2つの原則を確実に満たすことが不可欠となる。

　従来の年功賃金のもとにおいては，基本給は1本であったケースが多い。いわば総合決定給である。キャリア形成と世帯形成を込みにして賃金体系は編成されていた。しかしながら，キャリア形成にみあう職能給と世帯形成をカバーする生活給とでは，性格も役割も，生涯ベースでの姿かたち（シェイプ）も異なる。それにもかかわらず，両者を癒着させた賃金体系をつくったのでは，明確な個別賃金政策を展開していくことはできまい。

　キャリア形成は個人によってそのあり方はさまざまであり，それを受けて職能給は個人によって昇格も昇給も違ったものとなる。一方の生活給は，世帯形成のミニマムを誰でも一律にカバーするもので，個人差はない。年齢は同一でも，仕事や能力は人によって異なる。とすると当然，職能給と生活給ははっきり区別し，相互に独立

第4章　賃金体系

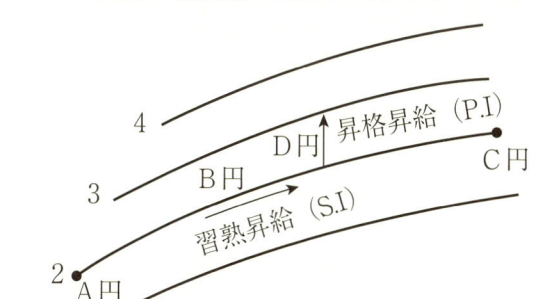

4―9図　職能給の仕組み（サラリースケール）

[図：経験年数を横軸に、職能資格等級別（1級〜4級）のスケールを示す曲線。2級のA円から始まり、B円ずつ習熟昇給（S.I）してC円まで。D円の昇格昇給（P.I）で上の等級へ。]

させて基本給を設定することが望ましくもあり，適切でもある。これからは，スカウト人材も多くなり，労働市場の流動性も高まり，中途採用者（そういう呼び方自体が不自然だが）の比重も高まるが，そのような中途採用者の賃金をきちんと決めていくためにも，職能給と生活給を分離しておき，賃金表を設定・明示しておくことが，どうしても必要となる。

(ii)　昇格昇給と習熟昇給―職能給の仕組み

さて，職能給は職能資格制度をベースとするが，それは**4―9図**でみるように，職能資格等級別のスケールという形で設定される。例えば2級は，A円から始まって，毎年B円ずつ昇給し，C円までという形である。そして，能力が高まれば，1つ上の等級に昇格し，その際，一定の額（D円）だけ昇給する。それがいわゆる昇格昇給（Promotion Increase）である。また，同一等級内でも，経験年数が延びれば習熟が広がり深まる。その習熟を受け止めてなにがしか賃金は昇給する。それが習熟昇給（Step Increase）である。

つまり，職能給は昇格昇給と習熟昇給の2つをもって構成され

4―10図　ライフサイクルミニマムと職能給

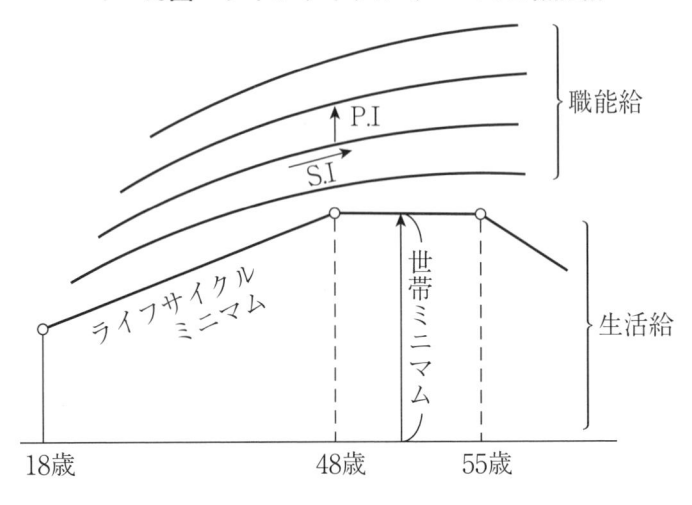

```
                                        ┐
                                        │
                      ↑P.I               │ 職能給
                   →                    │
                   S.I                   │
                                        ┘
       ライフサイクル      ／＼
          ミニマム      世帯       ┐
                       ミニマム     │ 生活給
                                  ┘
      18歳           48歳  55歳
```

る。昇格昇給がないと，職能給は甘い年功給的なものとなり，習熟昇給がないと，職能給は厳しい職務給的なものとなる。

　(ⅲ)　生活給の上に職能給を乗せる

　一方，生活給であるが，人生には跳び越えねばならない生計費の山が連なっている。いわば，世帯ミニマム，つまり世帯最低生計費がある。

　この年齢別生計費は4―10図でみるように，今日おおむね，48歳と55歳の間の7年間がピークとなっている。このライフサイクルのミニマムをカバーする生活給の上に4―10図のように職能給を乗せる。生活給は仕事や能力とはまったく無関係に年齢のみで決定，運用がなされ，職能給は年齢とはまったく関係なく，仕事や能力のみで決定，運用される。同一年齢であっても仕事や能力が異なれば職能給で差がつき，同一職能であっても年齢が違えば生活給で差がつくこととなる。

　結局，基本給は昇格昇給，習熟昇給，そして生活昇給の3つをもって構成されることとなる。3つの昇給項目を明確に区分することが

ポイントとなる。

$$
\text{基本給} \begin{cases} \text{職能給} \begin{cases} \underline{昇格昇給} \\ \underline{習熟昇給} \end{cases} \\ \text{生活給} \longrightarrow \underline{生活昇給} \end{cases}
$$

　さきにも触れたように，これらをごっちゃにした総合決定給では公正な賃金決定は望むべくもない。

　(iv)　勤続給の考え方

　従来の年功賃金においては，勤続は重要な地位と比重を占めていた。そしてそれは，勤続習熟と勤続貢献と生計費の増大を受け止める機能を果たしてきた。

　しかし，前記のような賃金体系では，それらはすべて習熟昇給と年齢給でカバーされる仕組みとなっている。となると，もはや勤続給は不要となる。今後は，できるだけ勤続給は排除していくようにしたい。とくに労働市場が流動化し，中途採用が多くなるこれからにあっては勤続給は邪魔になる。勤続給があると中途採用者はどうしても不利となるからである。そこで勤続給を仮に残しておくとしても，できるだけ少額のものとするようにしたい。せいぜい，1年当たり300～500円程度にとどめることがふさわしいであろう。

　(v)　必要な2つの手当

〔家族手当〕

　ところで女性の労働力化が進む中で，男性も女性も単身者が増加してくる。単身者とは，結婚していても年収100万円以下の扶養家族がいない者をいう。例えば，夫婦で共に勤務しており，それぞれ年収100万円以上であれば，いずれも単身者ということになる。また，子供がいる場合，夫婦いずれかが世帯者となれば一方は単身者ということになる。

　4-10図において，単身者までが世帯ミニマムをカバーする必要はない。かといって，生活給を世帯年齢給，単身年齢給と2本立

てにすることは望ましいことではない。基本給は文字どおり賃金の基本部分であって，全社員が共通で1本であることが望ましいからである。また，生活給を2つに分けておくと，つい男女差別に陥るおそれがないわけでもない。できるだけ生活給は1本にしたい。

そこで，生活給の設定にあたっては，世帯ミニマムを少し削ってつくらざるをえない。そしてその削った分を家族手当とする。とすると，世帯者は年齢給と家族手当を合わせて世帯ミニマムをカバーすることができ，単身者は家族手当を除いた年齢給のみということになる。

年齢給
家族手当 ｝世帯ミニマム（生活給）

以上からして，女性の労働力化が進むこれからにあっては，家族手当が重要な意義をもつことになるといえる。他の生活関連手当（例えば，住宅手当など）を抑えても，今後は家族手当を重視するようにしたい。一定の家族手当を設定することによって，年齢給の設定が容易となる。

なお，家族手当の額的大きさであるが，次の数字がやや積極的目安となろう。

配偶者	19,000円
1人目	6,000円
2人目	6,000円
3人目	6,000円

｝標準世帯で37,000円前後

家族手当を適切な額とすることは，年齢給の設定を容易にすると同時に，中だるみ（30〜35歳層の賃金の改善が相対的に遅れている状態）の解消にも有効となる。

〔役付手当・管理職手当〕

以上の賃金体系を機能的に完結させるには，もう1つ，役付手当・管理職手当がいる。班長や主任，係長になると部下をもつが，

4―11図　これからの賃金体系

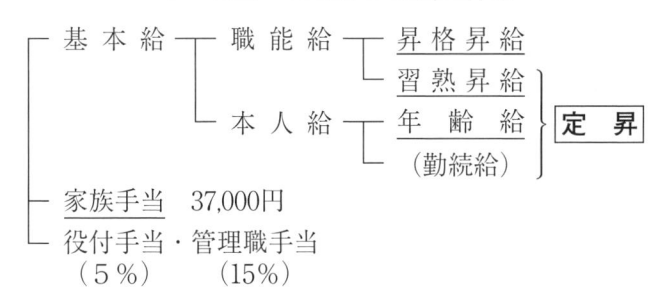

```
┌ 基 本 給 ┬ 職 能 給 ┬ 昇 格 昇 給
│         │         └ 習 熟 昇 給       ┐
│         └ 本 人 給 ┬ 年 齢 給          ├ 定 昇
│                   └（勤続給）         ┘
├ 家族手当　37,000円
└ 役付手当・管理職手当
　　（5％）　　（15％）
```

　部下をもつと慶弔金など部下との付き合い料がかかる。そこで，部下をもったら，慶弔金代わりとして役付手当をつけることが適切である。今日，慶弔金はほぼ当人の収入の5％が目安だから，基本給の5％がふさわしい。

　定額方式でもよいが，毎年の修正が必要ないこと，および各人の収入に比例させることができる点からして定率方式がむしろ望ましい。

　一方，課長レベル以上の管理職・専門職の場合，時間外手当が適用除外となる。しかも部下をもつ。そこで部下との付き合い料としての5％と時間外手当相当分の10％を合わせて，管理職手当として15％程度を設定することがふさわしい。これも定額ではなく定率方式が望ましい。

　部下指導の責任料は基本給に含まれており，役付手当・管理職手当は慶弔金代わり，残業手当相当分として性格を明確にしておく。

　以上からして4―11図がこれからの賃金体系の核をなすが，このほかに若干の手当もやむをえない。地域間の住居費の違いをカバーする地域手当，実費弁償としての通勤手当，単身赴任の不利益をカバーする単身赴任手当，つらい業務に対する特殊職務手当（つらさ手当），労働市場調整機能としての特殊職種手当などは，企業や業種によってはやむをえない。ただし，基本給を極力整備して，

諸手当はできるだけ簡潔なものにすることが肝要である。

(3) 基本給の構成

① 構成割合の2つの側面

前述のように基本給は労働対価給としての職能給と，生活保障賃金としての年齢給の2つをもって構成されるが，さて最大の問題は，両者の構成割合をどうするかである。

ところで，構成割合といった場合，そこには2つの側面がある。

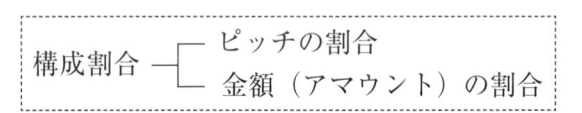

```
構成割合 ┬ ピッチの割合
         └ 金額（アマウント）の割合
```

すなわちピッチの割合と，金額的構成割合の2つである。ピッチの割合というのは，基本給ピッチ（3—6図参照）を両者にどう割り振るかであり，金額的割合というのは，例えば，基本給が270,000円だとして，その中を両者にどう割り振るかである。両者は，もちろんまったく無関係ではないが，本質的にその性格は異なる。

感覚論の立場からすると，金額的構成割合のほうが，しばしば論議の対象として重視されるケースがはるかに多い。例えば，自社の賃金では，職能給はまだ30％にも達していないから弱いとか，すでに60％を超えているから十分であるといった論議である。しかし一方，基本給ピッチが職能給ピッチと年齢給ピッチにどう割り振られているかについては，労使でほとんど気にかけないという傾向が強い。

ところが，実は賃金にとって本当に意義があるのは，ピッチの配分割合がどうなっているかであって，金額的割合ではない。金額的割合は，全員共通の初任給部分をどう表現するか（職能給とするか年齢給とするか）によって，いかようにも設定し変化させることが可能だからである。

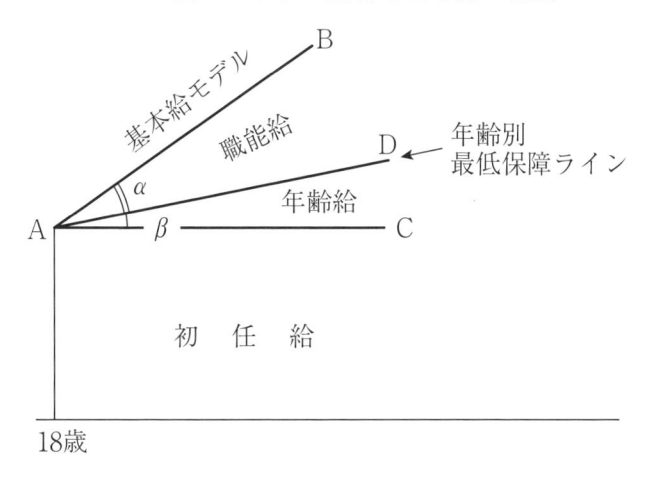

4—12図　ピッチの割合と基本給の性格

(図：A点を起点として、AB線が基本給モデル、AD線が年齢給カーブ、ACが水平線。∠BAD＝α（職能給ピッチ）、∠DAC＝β（年齢給ピッチ）。BAD部分が職能給、ADC部分のうちAD線までが年齢給、AD線が年齢別最低保障ライン。A点より下は初任給、横軸は18歳から始まる。)

② ピッチの割合が大切

ではなぜ，ピッチの割合が理論的に大切で，金額的構成割合は感覚的な問題にしかすぎないのか。もう少しはっきり説明しておこう。この理解が，賃金表設計上の土台となるからである。

4—12図で説明することとしよう。

A点が初任給。そしてABラインが基本給モデル（基本給でとったモデル賃金）だとすると，∠BACが基本給ピッチだということになる。この場合，ADが年齢給カーブだとすると，∠BADつまり∠αが職能給ピッチ，∠DACつまり∠βが年齢給のピッチとなり，そして，このαとβの割合こそがピッチの割合である。

さてここにおいて，初任給は誰でも受け取る賃金部分であり，また年齢給は，その年齢であれば仕事や能力に関係なく，誰でもその年齢給分を受け取ることができる。したがって，4—12図のADライン以下は誰もいない無人の境となり，ADラインがいわば年齢別最低保障ラインを形成する。

一方，BAD部分つまり職能給部分は，同じ年齢であっても，仕

105

事や能力によって賃金に差がつくところのいわば格差展開部分ということになる。

したがって，年齢給のピッチが大きければ大きいほど最低保障ラインは上がり，それだけ賃金の生活保障的色彩は強まるが，反面∠αがそれにつれて小さくなり，賃金の格差展開部分は圧縮されて狭い廊下となって，仕事や能力が違っても賃金はあまり差のない扁平な基本給ということになる。

つまり，基本給ピッチの職能給と年齢給への配分のあり方いかんによって，賃金は生活安定的ともなり，労働刺激的ともなる。すなわち基本給ピッチの配分次第で，基本給の性格が敏感に左右されることになり，ピッチの配分割合をどうするかは賃金体系編成上の大切な1つの鍵となるということができる。したがって，労使はピッチの割合をどうするかについては，十分論議を尽くして理論的にアプローチしていく必要があることになる。

さて一方，金額的な構成割合はどういう性格をもつのであろうか。いまわが国の平均賃金は約270,000円，そして初任給（18歳）はだいたい150,000～190,000円前後。ということは，賃金の約半分は初任給，つまり全員共通部分だということになる。

したがって，この初任給を職能給と年齢給にどう割り振って表現するかによって，基本給に占める職能給と年齢給の割合はいかようにも決まり変化する。例えば，初任給を除く賃金部分（4－12図のBAC部分）の職能給と年齢給の構成割合が仮に30％対20％だとして，初任給をすべて職能給だと表現すると，金額的構成割合は職能給8，年齢給2の割合となる。逆に，初任給をすべて年齢給だとすると，両者の割合は職能給が3，年齢給が7ということになる。すなわち，初任給の割り振り次第で，金額的構成割合は大きく変化する。

そもそも初任給はどうせ全員が受け取る部分であって，それを職

4—13図　金額的な構成割合は初任給の割り振り次第で決まる

能給と表現しようが年齢給と表現しようが，賃金の性格の本質には何の影響もない。

　つまり，4—13図において，「18歳年齢給」と「職能給の1級1号賃金」をもって初任給は構成され，それらは相互補完的で，一方を小さくすれば他方が大きくなり，他方を小さくすれば一方が大きくなるだけの話である。

　以上からして明らかなように，ピッチの割合は理論的に大切で，金額的割合は理論的にはたいして意味がないわけである。そこで，構成割合の決定においては，前者は労使の賃金政策にのっとってきちんと決めるとしても，後者はむしろアンケート調査などによってとらえるところの，社内の公平感覚で決定すればよい。"賃金のうち，何割は年齢で決め，何割は仕事や能力で格差をつけることが公平だと思いますか"といった質問で，全社的にアンケート調査を行い，その結果に従うようにする。

　今日，一般的な調査によれば，職能給が4割，年齢給が6割といっ

たケースがいちばん多く，次いで50対50，そしてそのあとに職能給が過半数（55%とか60%）といった意見が続く。自社でぜひ，アンケート調査をやり，公平感をとらえるようにしたい。感覚的には，職能給の割合は当初は小さくしておき，漸次その構成割合を増加させていくことが適切であろう。賃金は理論のみならず，現場の感覚も運用にあたっては大切だからである。しかしながら，あくまで金額的構成割合は感覚的なものであって，それよりもいっそう大切なのは，基本給ピッチをどう割り振るかということについて，社内労使の理解を高めておくようにしたい。

ところで，金額的構成割合は，どの年齢点での切り口をみるかによって大きく異なる。年齢ごとに少しずつ両者の構成割合は変化していくからである。若年層ほど生活給の構成割合は高く，年齢が高まるほど生活給の比重は下がり，職能給の割合が高くなる。4—14図でみるとおりである。そこで，例えば職能給4，年齢給6の割合で基本給を構成させるとして，それはいったい何歳ポイントでの割合をいうのか，について決めておかねばならない。でないと議論はあいまいとなる。

自社の平均年齢での割合というのも1つのあり方だが，しかし自社の平均年齢は，労働者構成の変化によって毎年毎年必ず変化する。したがってその年齢ポイントの割合を一定のものにしようとすると，毎年毎年，体系を変更せざるをえないことになり，それこそ，体系は不安定となる。

そこで金額的構成割合は，今日，一般的には4—14図でみるように34歳時点での切り口でとらえるならわしとなっている。34歳は今日の労働者のおおよそ平均年齢に近く，また，体系構成上の中間年齢ポイントとしての位置づけでもある。

すなわち，両者の割合が例えば4対6という場合，それは34歳時点での割合ということになる。

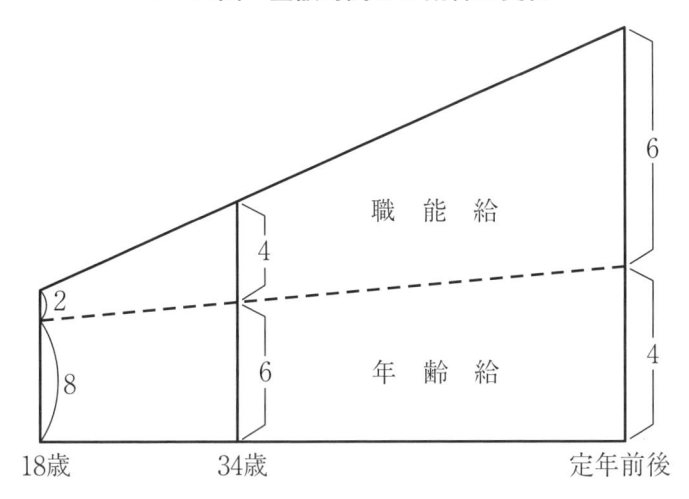

4―14図　金額的高さの割合の変化

```
                                        │6
                  職　能　給             │
        │4                               │
     │2 ┈┈┈┈┈┈┈┈┈┈┈┈┈┈┈┈┈
     │                                   │
     │8       │6   年　齢　給            │4
    18歳     34歳                    定年前後
```

　ところで，4―14図でみるように，職能給と年齢給のピッチの割合が適切であるならば，18歳から34歳までの16年間に，年齢給の金額的割合は約20％低下する。したがって，もし34歳ポイントで年齢給の割合を60％にしようとすると，18歳時点では80％にすればよいことになる。

　しかし，それは職能給と年齢給のピッチの割合が適切である場合においてそうなるのであって，ピッチの割合が年齢給で小さくなるほど，年齢の高まりにつれての年齢給の金額的構成割合の低下はより大きなものとなる。つまり，ピッチの割合は金額的高さの割合の，年齢の高まりによる変化に対してかかわりあいをもつことになる。

③　鍵を握る労使の賃金ビジョン

　ともあれ，以上から明らかなように基本給の構成割合については，次のステップを踏んで検討され，決定されていくこととなる。

　㋑　ピッチの割合を労使の政策に則して理論的に設定する。
　㋺　34歳時点での金額的構成割合を社内のアンケート調査に基づいて決定する。

(ハ)　それとの関連で，18歳時点での初任給に対する年齢給の割合をとらえる。
　(ニ)　初任給とその割合で18歳の年齢給額をとらえる。
　以上が，基本給の構成割合を検討する場合のポイントとなる。しかし現実の場では，個人別賃金の自社における実態がどうなっているかによっても大きく左右される。35～45歳前後に，例えば200,000円前後の者がいる場合，つまりこれまで年齢最低保障といった考え方がまったく存在していなかった場合，いまいきなり生活給を導入しようとしてもとうてい無理である。まず，賃金の中だるみを是正し，女性や中途採用者の賃金を改善し，中高年齢の賃金を一定の高さまでカバーする，といった一連の行動が必要となる。この場合，とりあえず形だけの年齢給を入れておき，これらの努力を進める中で，年齢給のピッチを漸次高めていくといった姿勢が望ましい。改善はあくまで実体を是正する中で，じっくりと進めるようにしたい。

(4)　年齢給と職能給の設計

①　年齢給の考え方と設計
(i)　年齢給ピッチのとらえ方
　年齢給ピッチの決定は基本給の性格を左右するものであるだけに，慎重に筋道立てて行うことがぜひとも必要である。ではいったい，年齢給のピッチはどのようにして決めればよいのであろうか。**4―15図**をみていただきたい。
　いま40歳の最低保障賃金をX円としよう。高卒初任給をa円だとすると，X円からa円を引いた$(X-a)$円を生活給がカバーすることが必要となる。ところが，生活給は年齢給と家族手当の2つをもって構成されるから，いま仮に家族手当など生活関連手当をb円だとすると，年齢給がカバーしなければならないのは，$(X-b-$

4—15図　年齢給ピッチの決め方

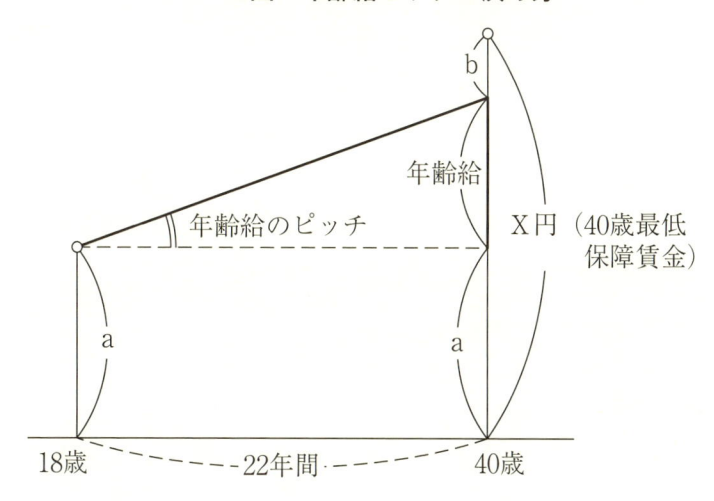

```
                    b
                    ●
                   ╱│
                  ╱ │
                 ╱  │年齢給
          年齢給のピッチ │
         ○- - - - - - - -│  X円（40歳最低
         │             │     保障賃金）
         │a           a│
         │             │
         │             │
        18歳 ──22年間── 40歳
```

a）円ということになる。18歳から40歳に至る22年間で、この額をカバーするように年齢給カーブを設定すればよいのであるから、結局、年齢給のピッチは、次のような形で求められることになる。

$$\frac{X-b-a}{22}＝年齢給のピッチ\cdots\cdots①$$

　X円……40歳最低保障賃金
　b円……家族手当
　a円……高卒初任給

①式が年齢給のピッチを求める理論算式だということになる。

　これでわかるように、X円つまり40歳の最低保障賃金をいくらにするかによって、年齢給のピッチは大きく左右されることになる。そこでX円の決め方だが、これは労使の賃金政策によって決まる値であるが、その際の政策判断基準となるものは3つある。

40歳最低保障賃金（X円）の判断基準 ─┬─ 自社賃金の実態
　　　　　　　　　　　　　　　　　　├─ 労組の統一要求基準
　　　　　　　　　　　　　　　　　　└─ 最低生計費

自社賃金の40歳前後の1番低い賃金は，現状でいくらぐらいかを無視することはできないし，労働組合の単産や，ナショナルセンターの統一最低要求基準も考慮せざるをえない。さらに当然のことながら，40歳の最低生計費も重要な判断基準となる。なお平成21年度の40歳最低生計費は，人事院の標準生計費をもとに，負担費を加え年間のボーナスを考慮してはじくと，次の計算のようにして249,000円となる。

　　標準生計費……266,160円 ……………………………………(a)
　　負担費修正……342,016円〔a×1.285〕………………………(b)
　　最低生計費……273,613円〔b×0.8〕……………………………(c)
　　ボーナス修正…248,988円〔c×0.91〕
　　　　　　　　└─ ≒249,000円

　そこで判断基準としては，自社賃金の最低実態が249,000円を上回っていれば最低生計費をとり，下回っていれば自社の実態を優先せざるをえないことになる。

　いまここでは，自社の40歳前後の最低賃金実態が249,000円を上回っているとして，X円を249,000円とするとしよう。さらに平成21年度の社会的一般水準を念頭に置いて，a円（高卒初任給）を162,900円，B円（家族手当）を18,000円だとすると，さきの①式により年齢給のピッチは3,100円となる。

$$\frac{249{,}000(X) - 18{,}000(b) - 162{,}900(a)}{22} = 3{,}096円 ≒ 3{,}100円$$

　家族手当の額が大きければ大きいほど，年齢給のピッチは小さいものになるわけである。

(ii) 基本給ピッチの3分の1が年齢給ピッチの標準目安──それを超えないように

　平成21年度の標準基本給ピッチは10,300円となっている。そうすると，前述の年齢給ピッチ3,100円は基本給ピッチのほぼ3分の1

に相当する。

基本給ピッチ（10,300円）┬ 年齢給ピッチ　3,100円　①
　　　　　　　　　　　　│　　　　　　　　　　　　　　対
　　　　　　　　　　　　└ 職能給ピッチ　7,200円　②

　つまり，基本給ピッチの年齢給と職能給への配分割合は，標準的にみて1対2が今日的目安となる，といえる。

　自社の年齢給のピッチを決めるに際し，基本給ピッチの3分の1を目安とすると同時に，年齢給のピッチが基本給ピッチの3分の1を超えないようにすることがポイントとなる。3分の1を超えると，職能給のピッチが相対的に小さくなり，せっかくの職能給がメリハリのない扁平なものとなり，能力主義賃金への移行がそれだけ鈍いものとなる。

〔留意点〕

　以上のように，年齢給のピッチは基本給ピッチの3分の1が標準的目安ではあるが，自社賃金の分布図（プロット図）において，中高年層に200,000円以下の者がいる場合，先の①式での（200,000円－b－a）はきわめて小さい額となる。つまり，年齢給ピッチは（500円）しかとれないことになる。

　したがって，この場合は年齢給を入れること自体をあきらめるか，またはとりあえず1,300円程度ピッチの，形ばかりの年齢給を入れておいて，今後，賃金是正を図り，そのうえで年齢給ピッチを望ましいものに近づけていく，といった段階的対応が適切となろう。年齢給を入れるということは，少なくとも中高年層の賃金を，最低でも200,000円以上にするという決意を示すことを意味する。

(iii)　ライフサイクルビジョンと年齢給のカーブ

　年齢給のピッチを3,100円（18〜40歳間）でつくるとして，直線とするか曲げるのか，が問題となる。生涯生活の生計費カーブは屈折しているのであるから，やはり曲げるのがよい。

4−16図 ライフサイクルと年齢給

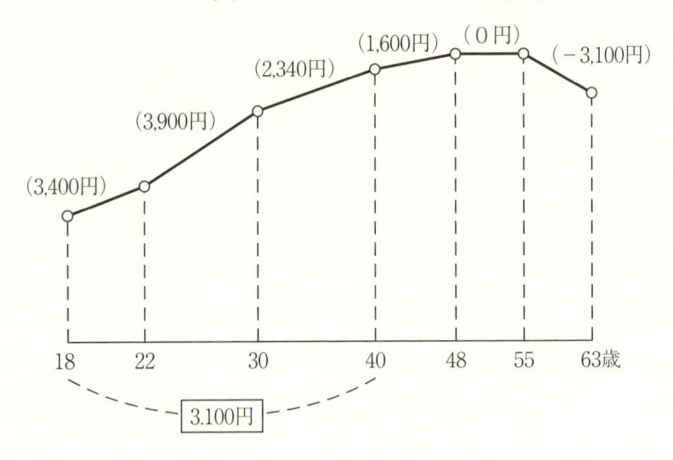

(3,400円) (3,900円) (2,340円) (1,600円) (0円) (−3,100円)
18　22　30　40　48　55　63歳
3,100円

　まず40歳までのカーブだが，4−16図でみるように，できるだけ30歳ポイント賃金を持ち上げるような形とすることが望ましい。生涯労働におけるキャリア形成カーブ，生涯生活での世帯形成カーブのいずれからしても，今日，30〜35歳前後の賃金はいわゆる中だるみという形で，その水準は十分でないからである。

　今後，積極的に中だるみを解消し，人材の確保と意欲の高揚と生活の安定を図るには，30歳に至る手前の8年間をできるだけ急な坂道とすることが望ましい。

　4−16図の場合，3,100円の最大限1.25倍の3,900円としたが，1.2倍か1.15倍のいずれかで政策的に設定することももちろんありえよう。30歳賃金に，どの程度アクセントを置こうとするかによって決まることになる。

　30〜40歳の10年間は，次の式のような残差計算で2,340円となる。

$$[(3,100円 \times 22) - (3,400 \times 4) - (3,900円 \times 8)] \div 10年 \fallingdotseq 2,340円$$

　さて，40歳を過ぎてからは，最低生計費の伸びは半減するので，

年齢給のピッチも半分に減額してよいことになる（標準生計費はむしろ40歳以降，その伸びは高まる）。4—16図でみるとおりである。

ライフサイクルにおいて生計費（世帯最低生計費）がピークに到達する年齢で，年齢給の上昇（定昇）もやめてよいことになるが，その生計費ピーク到達年齢は労使のライフサイクルビジョン（世帯形成政策）次第となる。

第1子出生年齢(a)＋子女教育終了年齢(b)＝生計費ピーク到達年齢(c)

いま仮にaを27歳としbを18歳だとすると45歳がcとなり，aを29歳，bを22歳だとするとcは51歳となる。一般的にみて，45歳から51歳の間のどこかに生計費ピーク到達年齢があるとみてよい。

$$\left. \begin{array}{l} 27歳＋18歳\cdots 45歳 \\ 29歳＋22歳\cdots 51歳 \end{array} \right\} の間で年齢給は上昇を止める$$

もし標準的にaを28歳，bを20歳とすると，cは48歳となる。4—16図はこの標準ケースをとったものである。

前述のように48歳で第1子が親元から離れるとして，続く第2子が3歳遅れ，さらに第3子が3歳遅れでいるとすれば，しかも1年の猶予期間をおくと，7年後には世帯は縮小期に入る。

$$48歳＋\underbrace{3歳＋3歳＋1歳}_{「7歳」}＝55歳$$

とすると，55歳以降はマイナス定昇とすることが考えられる。もしピーク到達年齢を53歳だとすると，53＋7＝60となり，60歳が世帯縮小年齢となり，マイナス定昇は60歳以降ということになる。

(iv) マイナス定昇は労使の合意で

標準的には55歳から世帯は縮小期に入るとしても，ローン返済もあるし，子女の完全独立が遅れることもあるし，ライフサイクルビジョン次第では，60歳が世帯縮小開始年齢ともなる。そこで，マイナス定昇は筋ではあるが，労使で合意がえられない場合は無理して入れることは避けたい。

ただし60歳を過ぎての継続雇用が一般化した今日、生活給のマイナス定昇は取り入れざるをえず、避けて通ることは難しい。また多くの企業事例でみるように、55歳時点で基本給を機械的に2割か3割ダウンさせることに比べると、生活給のマイナス定昇ははるかに合理的であるといえよう。

なお、マイナス定昇を取り入れるとして、そのマイナス額はベア1％程度で回復できるものであることが望ましい。手取りが減らなくてすむからである。もしベアが1％未満の年は、マイナス定昇を中止するほうがよい。

(ⅴ) 年齢給の算定例

年齢給のスタートを何歳とするかだが、基本給の中に占める年齢給の金額的割合を、社内の公平感調査で決めることによって、初任給の中に占める年齢給の割合が決まる。いま、職能給を4割、年齢給を6割（34歳時点）だとすると、高卒初任給の8割が18歳年齢給となる。高卒初任給を162,900円として算定例を示したものが4－4表のごとくである。

労使でライフサイクルビジョンをよくみつめ、理の通った年齢給を設定するようにしたい。

② 職能給の考え方と設計

(ⅰ) 昇格昇給と習熟昇給の割合がポイント

4－4表　年齢給の算定例

年　齢	年齢給
18歳	130,300
⋮	(3,400)
22歳	143,900
⋮	(3,900)
30歳	175,100
⋮	(2,340)
40歳	198,500
⋮	(1,600)
48歳	211,300
⋮	(0)
55歳	211,300
⋮	(-3,100)
65歳	180,300

すでに触れたように、職能給は「昇格昇給」と「習熟昇給」の2つの設定をもって表示されるが、「習熟昇給」は、次のような等級別のスケールという形の中に位置づけられる。

　　a円　～　（b円）　～　c円
（初号賃金）（習熟昇給）（上限賃金）

すなわち職能給は、基本的には昇格昇給、初号賃金、習熟昇給、そして上限賃金の4つをもって構成されることになる。それぞれをどのように設定し位置づけていけばよいのであろうか。

職能給の設定においてまず第1のポイントは、職能給のピッチを昇格昇給と習熟昇給の両者に適切に割り振ることである。昇格昇給は昇格時の昇給であり、したがって定昇ではないし、また等級間に賃金格差をつくる機能をもつ。

一方、習熟昇給は同一等級内での昇給であり、上限に達するまでは定昇としての性格をもつ。したがって、昇格昇給を過大にすると、職能給は格差型の厳しいものとなり、定昇もいたって小さいものとなる。賃金的には、むしろ職務給に近い性格のものとなってしまう。半面、習熟昇給を過大にすると、職能給は扁平な刺激性の乏しいものとなり、定昇はいたって大きいものとなる。そして賃金は何等級も重複し、もはや、年功賃金とほとんど変わりないものとなる。

そこで職能給のあり方だが、それは4―17図でみるように、1つ上の等級とはオーバーラップするが、2つ上の等級とは重複しないという形が望ましい。

4―17図のような職能給であれば、安定性と刺激性の調和がとれたものとなり、定昇もちょうどふさわしい大きさのものとなる。ところで、4―17図のような職能給をつくるとすると、昇格昇給と習熟昇給の両者の割合は、おおむね1対1.2ということになる。例えば、職能給のピッチ（1年当たりの昇給額）が7,200円だとすると、1年当たりの昇格昇給がその2.2分の1の約3,200円、そして

4―17図　職能給の条件

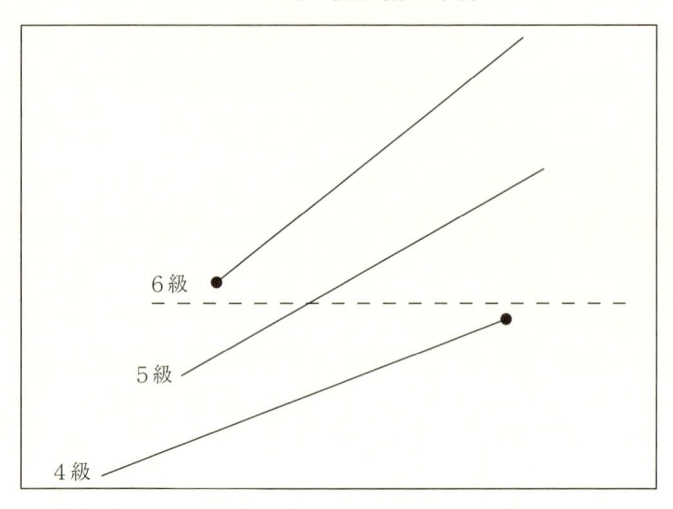

[図: 4級、5級、6級の賃金カーブを示すグラフ]

4―18図　ピッチの配分（例示）

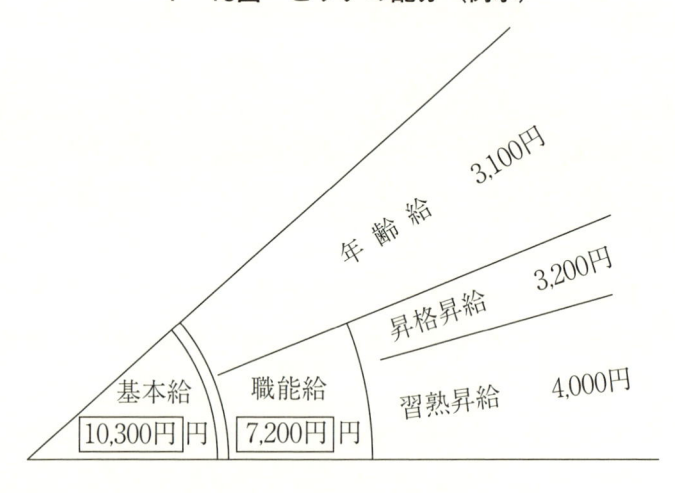

[図: 扇形で基本給10,300円、職能給7,200円、年齢給3,100円、昇格昇給3,200円、習熟昇給4,000円を示す]

習熟昇給が4,000円ということになる。（**4―5表**参照）

職能給　7,200円 ─┬─ 昇格昇給　3,200円
　　　　　　　　　└─ 習熟昇給　4,000円

ただしこれは1年当たりのピッチだから，例えばJ―3等級のモ

4—5表　基本給ピッチとその配分割合

基本給ピッチ	昇格昇給：習熟昇給
8,000円未満	1 ： 1.5
8,000～11,000円未満	1 ： 1.3
11,000～14,000円未満	1 ： 1.1
14,000円以上	1 ： 0.8

デル年数（理論的な昇格年数）が3年だとすると，J—3等級からS—4等級に昇格すると，その昇格昇給は9,600円ということになる。

　なお，基本給ピッチが大きい企業の場合，厳しい職能給にすることが必要だし，前記の割合だと定昇（習熟昇給）が過大となるおそれもある。したがって，基本給ピッチが大きくなるほど，昇格昇給の割合を大きくすることが適切ということになる。すなわち，**4—5表**のごとくである。

　(ⅱ)　設計上のポイント

　(イ)　初号賃金と上限賃金の幅

　職能給のスケールは職能等級別に，「初号賃金～習熟昇給額～上限賃金」という範囲賃金（レンジ・レート）の形で設定されるが，この時，初号賃金と上限賃金の幅，つまりレンジをどうするかが，労使にとって大切な関心事となる。狭すぎては頭打ちの者が続出して問題であり，広すぎてはいくつもの等級間での重複賃金となり，年功賃金と同じになってしまう。

　そこで適切に"レンジをはる"ことが大切だが，**4—17図**のような形に職能給を設定しようとすると，レンジはおのずから決まってしまう。つまり，"モデル年数の2倍でレンジをはる"ことが最適となる。モデル年数の2倍滞留していると頭を打つように，上限を設定するというあり方である。

初号賃金＋「習熟昇給額×モデル年数×2」＝上限賃金

このようにすれば上位等級とは重複しても，2つ上の等級賃金とは重ならない。

(ロ) "はり出し昇給"も必要

上限賃金に達したあとは，昇格しない限りもちろん昇給はない。昇格すれば昇格昇給を足して上位等級に移り，再び昇給が動き始める。それが職能給である。

しかしながら，従来，年功給でやってきたものをいきなり上限に達したからといって，直ちに昇給を止めてしまうというあり方は，やはり問題である。そこで，職能給へ移行したあとしばらくの間は，できれば10年間くらいは，制度として上限を超えての昇給，つまりはり出し昇給制を入れておくことが望ましい。

〔A円〜（B円）〜C円〕〜（αB）・n

はり出し昇給というのは，上限を超えての昇給で，（αB）・nがそれにあたる。ここでαは減額率であり，nは許容年数である。

つまり，上限を超えての昇給額はなにがしか（α）が減額される。減額率をどうするかは労使の政策で決まる。ただし，$\alpha<1$となる。αを2分の1とすれば，上限を超えての昇給はそれまでの半額となる。つまり半額はり出し昇給制である。また，このはり出し昇給を何回（何年間）認めるかが，nであるが，これも無限ではなく，5年間とか4回限りといったように有限とすべきである。nをいくつにするかは，労使の政策で決まる。

(ハ) 昇格時の位置づけ

賃金表は，モデル年数に合わせてつくることになる。4—19図をみていただきたい。いま例えばJ—2級のモデル年数が3年だとしよう。すると，モデル昇格者はJ—2級の3号で昇格するが，その時，昇格昇給を加算した額が，ちょうどJ—3級（上位等級）の初号に相当しJ—3級の1号に乗ることになる。つまり，モデル年

4—19図　昇格時の賃金

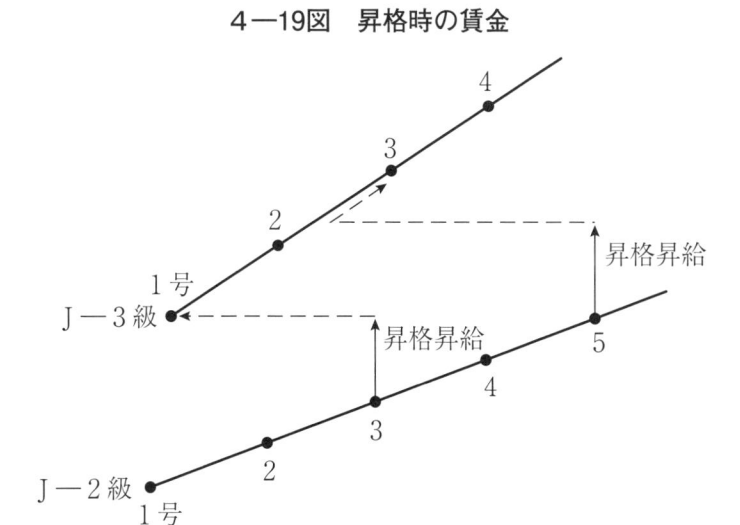

数に合わせて，各等級の初号賃金は設定される形がとられる。したがって，モデル（標準）昇格者は初号を通過していくこととなる（モデル初号通過方式）。

しかし大部分の者は，モデル年数より遅く昇格する。その場合はもはや初号は通過しない。**4—19図**において，例えばJ—2級に5年いて昇格する場合，5号賃金に昇格昇給を加算した額はJ—3級の初号（図の1号）賃金より当然高く，したがって直近上位の3号に乗ることとなる（直近上位方式）。

そうすると，2年前に昇格した者もこの時点で3級の3号，2年遅れて昇格する者も同じく3級の3号に位置づけられ，差はなくなる。昇格時に査定がキャンセルされる仕組みである。2年前に昇格した者は，賃金は追いつかれても，それまでの2年間高い賃金をもらってきたという実績は消えないから問題はない。

なお，モデル年数より早く昇格する者（抜擢者）は，昇格昇給を加算しても上位等級の初号賃金に達しないが，この時は初号賃金に

跳びつく方法がとられる（跳びつき方式）。

　職能給のスタート賃金（1級初号賃金）は，高卒初任給から18歳年齢給を引いた額があてられ，これに習熟昇給と昇格昇給を，モデル年数に合わせて積み上げる形で職能給表は設定される。つまり，「基本給ピッチ」と「スタート賃金」と「モデル年数」の3つが職能給設定のファクターとなることになる。この3つを正しく把握することがポイントとなる。

　㈡　賃金カーブを適切に

　従来の年功賃金カーブは，生涯労働の前半においてはその昇給は鈍く，後半に至ってようやく昇給ピッチが高まるといった，いわば"あと立ち"のカーブであった。しかしいま，生涯労働でのキャリア形成カーブも，生涯生活での世帯形成カーブも，いずれもいま，30〜35歳前後でうんと高まる，といったさき立ちのカーブに変革しつつある。そこで賃金カーブも，おのずから前半で昇給ピッチは高く，後半で昇給ピッチは低い，というさき立ちカーブに切り替えられていかざるをえない。

　そのことによって，賃金の中だるみを解消し，併せて高齢化や定年延長に順応できるものとなる。そのためには，4－6表のように，これからの昇給は，ヤング層，ミドル層，ハイエイジ層で，それぞれの昇給項目のウエイトを移し変えていくことが望まれる。

　そうすることによって定昇はヤング層で強く，ミドル層がそれに次ぎ，ハイエイジ層では弱いといった望ましいものとなる。一方，4－20図でみるように，上位等級の賃金は，昇格昇給を大きく，等級間で賃金格差がはっきりつくようにしていくことが望ましい。生涯ベースの視点に立って，賃金体系，賃金表を整備していく中で，新時代にふさわしい新しい賃金カーブの形成を目指すといった姿勢が，労使にいまや求められる状況にある。

4—6表　生涯労働と昇給構成

生涯ステージ	定昇		昇格昇給	定昇
	生活昇給	習熟昇給		
ハイエイジ	—	○	◎	小
ミドル	○	◎	○	中
ヤング	◎	○	—	大

4—20図　職能給カーブの新形成の方向

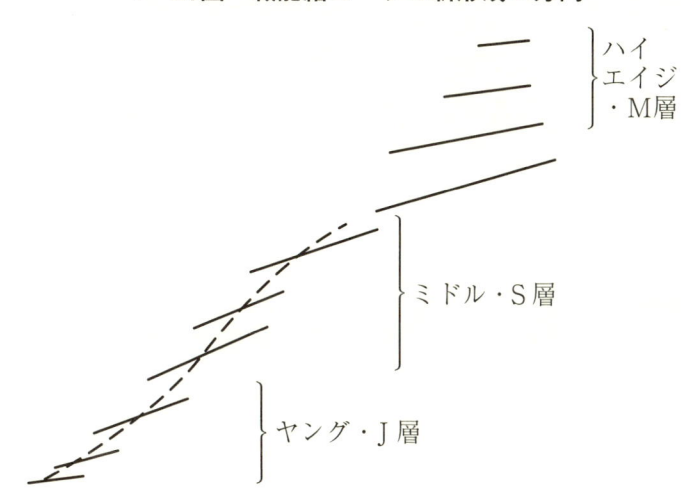

　　　　　　　　　　　　　　　ハイ
　　　　　　　　　　　　　　　エイジ
　　　　　　　　　　　　　　　・M層

　　　　　　　　　　　　ミドル・S層

　　　　　　　　　ヤング・J層

(5) 職能給導入の手順とポイント

① 職能給導入の手順

導入作業は，大きく分けると，次の7ステップからなる。

　　第1ステップ……準備作業（事前段階）

　　第2ステップ……職務調査

第3ステップ……職能資格制度のフレーム設定
第4ステップ……各人の格付け
第5ステップ……賃金表の設定・移行基準の設定
第6ステップ……運用基準の設定
第7ステップ……労使交渉・PR

　賃金体系を変えるということは大きな作業であるから，やはり2カ月とか3カ月という短期間ではなく，少なくとも半年ないし1年程度の期間はかけたい。また労使で委員会をつくり，その委員会をベースとして賃金体系改定作業を進めることが必要である。

● 第1ステップ

① 賃金委員会の設定
② 現状分析・問題点の把握
③ 改定方向（大原則）の確認・社内の理解浸透——ムードづくり（トップ・労組の理解）
④ 作業スケジュールの設定

　「事前段階」としての第一ステップはきわめて重要である。委員会の設定，現状分析の徹底実施，そして問題点の把握と一般従業員への説明，改定原則の設定，それから作業スケジュールの設定。これらの事前作業段階が不十分であれば，その後に続く作業自体が円滑を欠くこととなる。

　委員会における委員は，あまり数多くなく，できれば労使同数としたい。そのほかに，事務局が設定される必要があろう。これらの委員会で必要なことは，まず委員全部が十分な知識，同等の知識をもつことである。また，少なくとも中心となる1，2名は，かなりの専門家として育成されていることも必要となろう。賃金体系改定作業が成功している事例をみても，必ず労使に優れたリーダーシップをもった専門家がいるケースが多い。

さて、現状分析はできるだけ個別賃金を中心にし、徹底的に実施し、これはできれば企業内賃金白書のような形でこれをまとめ、社内にＰＲしておくことが望ましい。現状を隠しておくことのメリット、デメリットと、公開してしまうことのメリット、デメリットを比較すれば、今後はできるだけ公開することのメリットを優先するようにしたい。

賃金体系改定作業は、いわば自社賃金の憲法をつくることに似ている。大筋はここで決定してしまう。この際必要なことは、社内におけるトップから一般従業員に至るまで、これらについてできるだけ事前の了解なり納得をえておくことで、今後の作業段階において協力をえることが望ましい。

● 第2ステップ

① 課業の洗い出し
② 職種別職能要件書の作成
③ 個人別課業分担一覧表
④ 資格と課業の対応
⑤ 資格等級別職能マニュアル
⑥ 課業マニュアルの作成
⑦ 面接・対話・修正・確認

第2ステップは「職務調査」である。産業、技術の構造変革の中で、各人の職務内容は今日きわめて流動的であり、さらに配置替えや職務の拡大も必要であるから、この職務調査はあまり精密に長時間をかけて行うのは、適切であるとは考えられない。ちょうど能力の評価を毎年または毎期繰り返し行うように、職務調査などもできるだけ目的を絞り、簡潔に、そして課業中心に、たえずこれをフォローアップできる形で実施することが望ましい。

職務調査のねらいは、要するに、等級基準（職種別等級別職能要

件）を明らかにすることにある。等級基準とは、どのような能力条件が期待され要求されるかである。この等級基準が、上司と部下との間で十分理解されていることが前提となる。これまでのわが国の人事雇用制度は、これらの等級基準はほとんど漠然としていたし、また上司の部下に対する期待度、要求度も必ずしも十分説明されていたとは限らない。そのようなあいまいな条件の中で人事考課が行われるから、その人事考課は不信感を招くものとなる。そしてまたその人事考課は、絶対に秘密を守らねばならないものとなる。

今後できるだけ等級基準を明らかにし、これを上司と部下との間で繰り返し話し合っておくことが必要である。例えば、高卒3年目の営業職員に対してはどの程度の仕事や能力を期待し要求するかが、上司の間で、ある程度調整され統一されていることが必要となる。

このような等級基準の上司と部下との間の理解、上司同士の調整が、結局は能力評価システムを精密に客観的にするための条件ともなるわけである。結局、職務調査は職能給導入の最も基本条件となるといってよいのではなかろうか。ビルの建設にあたって、まず地下を掘り下げ、基盤を整備する。基盤の整備が不十分であるならば、建物は不安定となる。これとまったく同じことである。職能給の成否は、まさにこの職務調査のいかんにかかっているといえるであろう。

●第3ステップ

① 職能資格制度のフレーム
② 資格と職位

さて第3ステップは、職能資格制度を設定する、「構築作業」が中心となる。

●第4ステップ

① 各人の職務，能力，勤続の評価
② 各個人の職能資格への格付け

　第4ステップである「各個人の格付け」は，現状を尊重し，勤続と，若干各人の能力を考慮して行われる。この場合，ジュニアクラスは勤続が格付け指標として優先され，シニアクラスは能力が優先され，マネジメントクラスはポストが優先されることとなろう。

●第5ステップ

① 賃金表の設定
② 移行基準の設定
③ 移行

　第5ステップは，賃金表の設定と，新しい賃金表への各人の移行，調整となる。

　新しい賃金への移行時において重要なのは，現状尊重の原則であろう。急激に各人の賃金が変わることは望ましくない。このような意味において，できるだけ現在の賃金をそのまま移行させることが望ましいが，しかし各等級の初号賃金に満たないものは，当然引き上げられるべきである。また各等級の条件を上回る人については，これを急激にカットするのではなく，

　イ　そのまま支給し続ける
　ロ　調整手当として，基本給からはずして支給し続ける
　ハ　数年かかって調整し，基本給に吸収，または解消する

のいずれかをとらざるをえない。いずれをとるかは，その企業の賃金のレベルや労使の政策によって適応のあり方が異なることであるから，十分検討して決めるのがよい。

　なお，このような新しい体系に移行する場合，①まったく新しい

ルールで各人の賃金を職能給や本人給にあてはめていくやり方、②現在の賃金から、まず生活給部分については規定どおりの設定をし、残りをもって職能給にするやり方、③職能給をまずきちんと一定のルールで設定し、残りをもって生活給とするやり方の3通りがあるが、実際問題としては、これらをミックスした形で行われるのが通常であり、とくに第2番目の方式が中心となる。

●第6ステップ　運用基準の設定

① 昇格基準
② 中途採用者の格付け基準
③ 職種転換基準
④ 配置・ローテーション
⑤ 人事考課システム
⑥ 教育訓練システム
⑦ ベアと昇給方式
⑧ 定員制度

運用基準中でもとくに大切なのは、ベアと昇給のあり方、および昇格をどうするかである。

●第7ステップ　労使交渉と社内説明

委員会案を尊重し、あらためて労使交渉を行って導入を決定するとともに、社内に十分なPRを行い、理解をえる。

以上が職能給導入のステップであるが、この場合、第1ステップ、第2ステップ、第3ステップ、第5ステップおよび第6ステップは労使共同で行い、第4ステップは経営側のみで実施する。

事例をみると1から6のステップまですべてを共同でやる場合、まったく労使別個に作業を行う場合、第4のみを労使で別個に行う

場合等がある。第1ステップの「事前準備」において，現状分析と大原則の確認さえ労使でしっかりやっていれば，中間のいくつかのステップは別個に行われてもよいかもしれない。

② 導入時の留意点
(i) 移行時点での各人の「職能資格制度」

　職能給と同様に，職能資格制度も移行時点の最初から各人を正しく格付けすることはできない。新しい職能資格制度，その等級基準，それを基準とした人事考課制度をとおして，今後，各人の能力の高さが徐々に明らかにされていく。その過程の中で，各人の職能資格制度への格付けが確実なものとなっていく。そこで，移行時はできるだけ従来の社内でのステイタス，つまり資格や職位や職務内容や勤続年数などを尊重し，常識的に，格付けするようにする。

　そもそも職能資格制度は，例えば4級の能力があるから4級に格付けするのではない。4級に格付けし，そのあと，4級の職能要件を目指して能力開発を多面的に進め，4級相当の能力を身につけさせることをねらいとする。そこが，職務等級制とは本質的に異なる。

　とにかく常識的にまず4級に格付けし，今後，4級の等級基準に従って評価，育成を進め，それを満たせば5級に昇格させる。満たしえない場合は，そのまま4級にとどまり，今後とも全力を傾けて育成を続けていく。1度4級に格付けすれば，降格はさせない。職能資格制度は，卒業方式の育成型の能力主義人事であることを見失ってはならない。2年生の勉強が終われば3年生とし3年生の勉強をさせる。3年生が2年生に落とすことはない。

(ii) 初号に満たない場合は初号賃金まで引き上げる―必要追加原資

　現基本給から新年齢給を引いた額を，各人の職能給の移行時の額（持ち分額）とする。次いで，各人を職能資格制度に常識的に格付けする。

これらのステップを踏んだうえで，各人の職能給の持ち分額が，格付けされた等級のレンジレート（初号賃金から上限賃金に至る賃金）の中に入り込めば，それをもって各人の移行時の職能給とする。
　しかし，もしその持ち分額が初号賃金に達しない場合は，初号賃金まで引き上げることが望ましい。そのための原資は，職能給移行時の最低必要の追加原資ということになる。ただし，そのギャップ額が多額に上り，1度に追いつかせることが適切でない場合は，一定の限度額を設けて，数年かけて追いつかせるということももちろんありえる。要は，原資との兼ね合いでの社内の公平感とのバランスの問題ということになる。
　初号と上限の間に，移行時の各人の職能給持ち分額が入り込む場合は，移行時点では，何ら手をつけない。でないと移行原資が多額となり，今日の諸情勢からして，新体系への移行を難しくしよう。今後の昇格や昇給の運用の中で，漸次，調整していくようにしたい。移行時点では，したがって号俸はあまり意味のないものとなる。そのことは割り切ることが大切であろう。

　(iii)　上限を超えた場合の取り扱い

　各人の職能給持ち分額が，格付けされた等級の上限賃金を上回った場合はどうすればよいであろうか。直ちにその分をカットするというわけにはいかない。賃金には，一定期間の期待権があるのだし，また意欲が低下するようなことも避けることが賢明だからである。ルールを変えたからといって，いままでの賃金が間違っていたというわけにはいくまい。それではあまりにも勝手すぎる。
　さてそこで，上限を超えた場合の取り扱いだが，それは原則的には次の3つのケースが一般的には考えられる。
　①　調整手当として払い続ける
　　　超えた分を調整手当として基本給から切り離し，凍結をし（ベアも定昇も行わずに），その後も払い続ける。そしてその後，

昇格のチャンスがあればその昇格昇給をこの調整手当から充当する。
② 調整手当として漸次解消する
　調整手当として基本給から切り離しはするが、それを３〜５年間で解消する。賃上げのたびに、３分の１ずつ削り取っていけば３年で解消し、５分の１ずつ削り取っていけば５年で解消する。賃上げ時にとり崩すことによって、各人の手取り賃金は減額されなくてすむ。
③ "はり出し"を広げてカバーする
　はり出し昇給の幅を広げて、全員がその中に入り込むようにする。これだと、誰の賃金も移行時に何ら不利益を被ることはない。

　このように３つの方法が考えられるが、いずれをとるかは、それぞれの労使の判断にゆだねられることになる。いちがいにいずれがよいということはできない。いずれにしても、徐々に各人の賃金を望ましい位置づけに近づけていくという緩やかな姿勢をとることが肝要である。

(iv) 移行後の留意点

　いま仮に甲と乙の２人がいて、同一賃金だとしよう。そして移行時に甲は上位等級に格付けされ、乙は相当の等級に平常に格付けされたとする。つまり上と下の２つの等級に分かれたのである。そのあと、数年を経ずして乙が昇格した場合、乙は昇格昇給がプラスされて上位等級に昇格してくるため、同一等級の中で甲の賃金を上回って乙が位置づけられる（直近上位方式）ことがしばしばありえる。それでは不公平であろう。

　そこでこのような事態を避けるために、次のいずれかの対応をとることが検討される必要がある。
㋑　乙が昇格してきた段階で、甲の賃金も乙の号俸まで引き上げ

るという方式をとる。原資はかかるが，これが1番望ましい。
　㈠　乙の昇格時の昇格昇給は，甲の賃金を追い抜かない程度にとどめる。そのようなルールをあらかじめ設定しておく。
　㈢　移行時点の甲を上位等級に格付けする際，あらかじめ昇格昇給の半額を加算して，上位等級の号俸に位置づけておく。

　ともかく，極端な不公平を招かない形で，しかも時間をかけて，従来の年功賃金格差体系を新しい職能給格差体系に接近，再編させていくといった姿勢が肝要である。

　新しい賃金体系を導入するということは，いま直ちに各人の賃金を望ましいものにしてしまうことではない。新しい賃金体系（秩序基準）に則り，各人の賃金を年月をかけて適切な賃金に近づけていくものだ，ということの全社的理解を確かなものにしておくことが肝要である。

(6)　諸手当の考え方

　賃金を考える場合，労働対価の原則と生活保障の原則が必要であることは先述のとおりであるが，その労働対価的条件および生活保障的条件が時・所・人によって，小刻みな変化をする場合や，または条件がなくなるといった可変的なものは，基本給ではなく別途に手当として位置づけておくことが望ましい。なぜならば，基本給は賃金の基本的部分であり，小刻みな変化は決して望ましくなく，また可変的であることも適切ではない。職場環境を改善したからといって，または配置転換をしたからといって基本給が上がったり下がったり揺れ動くことは望ましくはない。基本給は，まさに賃金の核部分を形成するからである。

　そこで時・所・人による小刻みな労働対価，生活保障条件は，むしろ手当として位置づけることが考えられる。しかし本来，賃金の本質は基本給であり，基本給を弱めて手当を増加させるようなやり

4―21図　世帯ミニマムは年齢給と家族手当でカバーする

(図：年齢給とa円（18-22歳）から伸びる直線と、家族手当を示す破線、Y点、世帯ミニマム、単身ミニマム)

方は決して望ましくない。できるだけ基本給を充実し，やむをえない部分について，手当を設定するという心構えが大切である。できれば賃金のうち手当部分は15％以内にとどめ，基本給で85％の大きさをぜひとも確保・維持するようにしたい。

① **生活関連手当の考え方**

それではいったいどのような手当が今日的にみて必要であり，どのような手当が今後状況に応じて吸収・整理していくべきものであろうか。手当はおおむね生活関連手当，仕事関連手当，そして能力関連手当に分類することができる。

まず生活関連手当から考えてみよう。生活関連手当としては家族手当，地域手当，通勤手当，単身赴任手当そして住宅手当等がある。

〔家族手当〕

家族手当であるが，４―21図でわかるように年齢給は世帯ミニマムをカバーするものである。なぜならば，賃金は世代を超えての労働力の再生産コストであるからである。しかしながら今後，女性

の労働力化が進み，1世帯夫婦2就業者が増えてくれば，単身者が増加することになる。ここでの単身者とは結婚をしているが，扶養家族がないものをいう。この場合，この単身者にも世帯ミニマムをカバーすることが望ましいことであろうが，そうした場合1世帯夫婦1就業の者は世の中の平均的な生活よりもはるかに低いものとなり問題が多い。つまり，これまでのように男性中心の人事・賃金が考えられてきた場合においては，年齢給は世帯ミニマムをカバーするものであっただろうが，女性の労働力化，男女平等化が進むこれからにあっては，1労働賃金はいわゆる一人前賃金であっても1世帯賃金であることは困難となろう。つまり，これからの一人前賃金は世帯ミニマムから，なにがしか削られたもので考慮していかざるをえまい。4—21図でみるようにである。今日，世帯ミニマムと単身ミニマムの落差は約70,000円である。とするならば，その中間つまりY点を通過する形で設定せざるをえない。

　このような形で年齢給をつくった場合には，扶養家族のない単身者にもこの賃金が適用されることとなり，女性の賃金を今後積極的に改善するうえにおいても有効となろう。これからの基本給は，まったく男女同一賃金としていくことが望まれる。しかし一方，この年齢給では扶養家族のある世帯者は生活をカバーすることはできない。そこで扶養家族のある者については，4—21図でみるように世帯ミニマムに足りない分を扶養家族手当として設定し，これを支給することによって世帯ミニマムをカバーする形をとらざるをえまい。

　つまりこれからの賃金は，年齢給と扶養家族手当ないし18歳を超えての子女教育手当といったものを含めて，世帯ミニマムがカバーされることとなろう。このようにすれば少なくとも基本給については，世帯・単身者別とかA表・B表別といった矛盾に満ちた賃金体系をとらなくてすむこととなる。

第4章　賃金体系

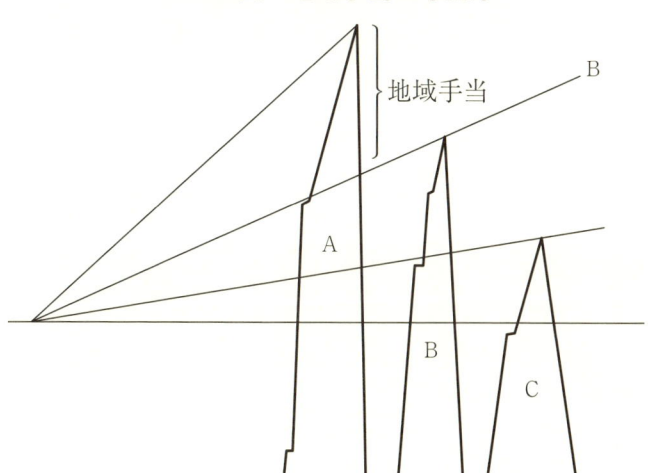

4―22図　地域手当の考え方

以上からして、これからの賃金においては、家族手当は有意性を一層増すこととなろう。家族手当は、役付手当、通勤手当と合わせて、実態からしても、採用企業数や金額からみても、今日の3大手当を形成している。手当の中でも必要性の高い手当であると考えられる。このような家族手当ないし18歳以上の子女に付加する子女教育手当は時間外の算定基礎に含めなくてよいこととなっている。

〔地域手当〕

次に地域手当であるが、4―22図でみるように1つの企業でA地域にA事業所、B地域にB事業所そしてC地域にC事業所があるとしよう。そしてそれぞれの地域によって、生計費が異なるとする。事業所間に労働力の移動が求められる情勢の中では、事業所別に基本給を設定することは適切ではない。モビリティを阻害するからである。少なくとも基本給については同一であることが望まれる。

さて、そこで基本給（年齢給）をどの地域に合わせて設定するかであるが、もしC地域に合わせて設定した場合、B地域・A地域にはかなりの額の地域手当をつけざるをえまい。またA地域に合わせ

て設定した場合，地域手当はいらないが，C地域に対してもかなり高い賃金を設定することとなる。そこでこのような場合，B地域に合わせて基本給をつくり，B地域の生計費を下回るC地域には手当はつけず，上回るA地域にのみ地域手当をつけるという形をとることが，ひとつの望ましいあり方となる。このようにすれば，地域手当は基本給に対して10％前後をマキシマムとすることができる。

今日の地域間生計費事情からして，とくに衣食住のうち衣食については生活水準差を除けば地域差はほとんどないが，住についてはかなり格差があるだけに，地域手当はやむをえないといえるかもしれない。

〔通勤手当〕

通勤手当は，今日，すでにほとんどの企業で導入されており，家族手当，役付手当とともに今日の3大手当を構成している。通勤手当は実費弁償として，支給することが適切であろう。実費弁償であるので，時間外の算定基礎に入れなくてよい。

今日の事情からすれば，単身赴任手当もやむをえまい。これもできるだけ，実費弁償として考えていくことが望ましい。できれば月2回家族が合流できる実費＋αとすることが目安となろう。この場合のプラスαは，2世帯に別れて生活をしていることの不利益分といえる。

〔住宅手当〕

さて最後に住宅手当であるが，大企業においては3大手当に次ぐ4番目の手当として，今日その普及率はかなり高い。中小企業の場合には，その導入企業数は比較的少なく，どちらかといえば大企業的な手当であるといえる。しかしながら，住宅手当はその必要性は漸次薄れていくものと考えられる。まず家族手当や地域手当があれば，それによって住宅費の差をカバーすることができるから，さらに住宅手当を置くことは屋上屋を重ねる感が強い。また住宅手当は

時間外の算定基礎に入れねばならない。残業した時の1時間単価が住宅事情によって異なるということはあまり適切ではなく，また住宅手当の公正な算定基礎はえられにくい。親代々の持ち家，ローン返済中の持ち家，借家・社宅入居者，公営借家，かなり高額の民営借家などさまざまであり，これらをうまくカバーするあり方はみいだしにくい。

　そこで住宅手当は，しばしば一律いくらという形になるケースが多い。しかし一律であるならば，基本給に吸収するのが筋であろう。さらに社宅の入居基準を明確にすることによっても，住宅手当の必要性は薄まろう。転勤者用，遠隔地採用者用，火事・地震・増改築など時ならざる需要，そして業務上に限定するならば，社宅の入居・不入居によるアンバランス是正のための住宅手当は意味を失う。

　また賃金論からしても，生計費を費目別に細切れにして手当として考えることは適切ではない。終戦直後には，生活環境条件が悪く，これをカバーする意味で理髪手当，外食手当，被服手当，食事手当などもろもろの生計費を細切れにした手当が多く支払われた。しかし，今日すでに生活環境条件が一定のレベルに到達したことを思えば，生計費を細切れにして手当を支給するというやり方はむしろ排除されていくべきであろう。

　そして住宅手当を払う原資があるならば，基本給を充実するか家族手当を充実するか，あるいはストック形成のための援助を行うなどの方策がむしろ適切ではあるまいか。そしてまた転勤者用社宅を整備・充実し，単身赴任を極力防止するといった配慮も必要である。ただし高額な民営借家にやむをえず入居した場合，一定金額以上については援助するといった程度に，限定していくことが考えられる。

② 仕事関連手当の考え方
〔役付・管理職手当〕

　仕事関連手当において役付・管理職手当は手当としての意義は高い。主任・班長・係長・課長代理などが部下をもてば，慶弔金などの付き合い料が無視できない。そこで部下をもったならば，この慶弔金代わりの付き合い料として役付手当が考えられる。今日，慶弔金はおおむね収入の5％が目安となっている。そのような意味において，部下をもったら基本給の5％を役付手当としてみてはいかがであろうか。なお時間外労働については，課長代理以下では一般的にいって，時間外手当を支給せざるをえない。今日，時間外手当は少なくとも基本給の10％前後がこの層に支払われているとみることができよう。

　そこで時間外適用除外となる管理職層以上については，部下をもつことによる5％と時間外手当の見返りとして10％をあわせて，15％程度の管理職手当をつけることが考えられる。時間外手当は各人の賃金に対する割合で決まるのであるから，管理職手当も比率で一定率を設定することが望まれる。今後，高齢化・定年延長の中で，役職ローテーションなどが行われるが，もしこの手当部分を基本給に入れておいた場合，役職をはずれれば基本給そのものが低下し，退職金をはじめいろいろの問題で不都合を生じよう。基本給はできるだけ安定的であることが望まれる。そのような意味において，一定率をもった役付手当，管理職手当は当面むしろ必要であるといえる。大切なことは，役付手当と管理職手当の間に少なくとも10％の格差を維持することであろう。そうでなければ，管理職になった場合，手取りが逆転するというおそれがあるからである。

〔特殊職務手当〕

　次に，特殊職務手当であるが，つらい仕事があったならば，つらさ手当として次のような特殊職務手当をつけることもやむをえま

い。交替手当，危険手当，高熱手当，高所手当，塵埃手当，悪臭手当，騒音手当，振動手当，外勤手当，営業手当などである。これらは職場環境を改善したり，配置転換することによって変化するのであるから，基本給を安定的なものにするためには，やはり特殊職務手当として分離設定することが適切であろう。

〔特殊職種手当〕

　また特殊職種手当も必要となるケースがあろう。基本給は社内的バランスの中で決定されることが望ましいが，特定の職種にあっては外部労働市場との賃金のつながりが強いものもある。そのような場合，外部労働市場賃金水準と内部的な賃金バランスとのギャップがある場合，特殊職種手当という形で埋めざるをえまい。つまり労働市場調整的な役割を果たす特殊職種手当である。医師手当，看護師手当，薬剤師手当，税理士手当，弁護士手当，調理師手当，特定のドライバー手当，特定のオペレータ手当などがそれである。

③　能力関連手当の考え方

　能力関連手当としては精皆勤手当がある。しかし昭和20年代のように精皆勤がきわめて困難な時代にあっては，精皆勤手当も意味があろうが，今日のような状況の中ではもはや精皆勤手当はその必要性は認められない。しかも精皆勤手当は有給休暇まで巻き込むおそれがあるだけに，望ましいものではない。精皆勤手当によって出勤率を上げるというあり方は適切であるまい。ただし，パートタイム労働については，精皆勤手当の設定は適切で有用であろう。

　さらに他方で，一般的な資格免許手当も今日的には，その必要性がすでに失われたものと考えられる。

第5章

臨時給与など

1 臨時給与

(1) 臨時給与の性格

　臨時給与は，戦前においては職員を中心にしてかなり多額のものが支払われていた。それはあくまでも賞与としての性格をもっていた。終戦直後，そのような性格は消え，むしろ生活補塡金，年末一時金のような形で再登場し，漸次固定的な生活一時金としての様相を帯びた。60年代に入ってからはやや生活環境が落ち着き，賃金も戦前水準に復帰したことを受けて，再び「賞与」という考え方も登場した。

　今日，労働組合側は主として「生活一時金」，支払う会社側は「業績賞与」としてこれを取り扱っている。つまりこの臨時給与は，一般に一時金または賞与と呼ばれるものである。

　さて，この一時金，賞与と呼ばれる臨時給与については，これまで次のような経過をたどった。

① 50年代の後半は支給率は増大，60年代前半において支給率横ばい，後半から70年前半に入って再び支給率増大。70年代後半以降年々の支給率はおおむね，年間5カ月分前後で横ばいぎみである。

② 臨時給与の支給率そのものは5カ月前後で落ち着いているが，基本給の増大を受けて，額の増大は依然，傾向的に続いている。

③ そうして，80年代，90年代を通して不況期は年間4.7カ月分前後，好況期は年間5.4カ月分前後という形で，景気の変動で波を打ちながら今日に至っている。今後もそう大きく変化しまい。

④　その使途および受け取る側の意識からみると，生活一時金的な性格は依然として否定できない。しかし一方においては，業績賞与的な性格もますます強まりつつあり，業績に応じて支払われる性格は，基本賃金に比べるとはるかに高い。

⑤　したがって規模間，産業間でみた場合，その支給額・率ともに格差は基本給よりも大きい。

⑥　計画的に労使で考える，いわゆる<u>年間臨給の方向</u>が増大してきている。冬夏・夏冬型があるが，かつては冬夏型が多かったが，しかし漸次，春の賃上げ時に交渉するという<u>夏冬型の増大</u>が80年代以降を通してみられ，今日では夏冬型が多い。

⑦　成果配分という機能を導入する企業も増えている。業績賞与と成果配分の違いは，業績賞与が経営側が一方的に支払うものであるのに対し，<u>成果配分は，労使が一緒になって公開，協議，還元というシステムを通じて対処する方式である。</u>したがって，あくまでも目標成果をもち，その目標を上回って成果が上がったならば，それが追加還元されるというシステムであり，これをつうじて，生産性に対する労使の共同の意識を高めようとするねらいがある。

⑧　臨時給与の一部を基本賃金へ吸収する動きもみられる。年間7カ月以上のボーナスの出ているところもあるが，こういうところにおいては，その一部を基本給へ吸収する動きなどがみられる。このような基本給吸収への動きは，ある場合には経営側から，ある場合には労働組合側から，その希望が出されている。しかし，いまのところ，これが一般的に広がる気配は必ずしもない。

⑨　すべてを現金賃金で処理するのではなく，持株，持家基金増大など，労働者の福祉，財産形成の形で支給する動きもある。

(2) 臨時給与のあり方

　臨時給与は，わが国の場合，決して小さいものではない。前記のように通常年間3〜5カ月分が支払われているのだから，年間賃金の20〜30％の比重を占めている勘定になる。欧米では，せいぜい年間1〜2カ月分程度だから，わが国とは比べものにならない。

　また，臨時給与は，賃金なのかフリンジ・ベネフィットなのかといった位置づけにしても，わが国と欧米とは大きく異なる。わが国の場合，臨時給与は賃金の一部としての性格が強く，月例賃金と併せて年収として把握されるのが常である。

　しかし，欧米では，ボーナスや利潤分配や特別給付金はフリンジ・ベネフィットとしての位置づけにある。フリンジ・ベネフィットは，社会的に統制された賃金に，企業レベルで付加し上積みするいわばウエイジドリフトとしての性格をもつもので，ボーナスや利潤分配などは，まさにこのフリンジ・ベネフィットに相当する。しかしわが国の場合，フリンジ・ベネフィットはもっと狭く解釈されており，おおむね現物給付，退職金，福利厚生費の3つがこれにあたり，臨時給与をフリンジ・ベネフィットとしてみなす習慣は一般にない。

　では完全に賃金の一部なのかというと，そうも割り切れない感じが残るというのが普通のようである。つまり臨時給与が賃金の一部であるにもかかわらず，月例賃金に吸収されてしまわないのは，

　　(イ)　基本給に吸収すると退職金や時間外手当にはね返り，コスト増につながる。
　　(ロ)　固定的になり弾力性がまったく失われてしまう。
　　(ハ)　盆，暮れに一定のまとまったお金が入るという習慣から脱し切れない。

という理由があるが，それだけではなく，やはり，月例賃金と異なっ

て，別個に付加される特別給付という認識が，臨時給与のたとえ一部ではあるとしても，そこにあるからである。

つまり，臨時給与は賃金の一部としての性格と，それが大部分ではあろうが，さらにその他に加えてフリンジ・ベネフィットとしての性格の2つをあわせもつものだといえよう。

　　臨時給与＝賃金的性格部分＋フリンジ・ベネフィット的性格部分
となるならば，この2つの性格をわきまえて臨時給与を設計していくことが適切であるといえる。

ここでいう賃金的性格部分とは，いわば直接労働対価賃金であり，それは現金で支払われるべきものであるとともに，おおむね世間相場があるが，フリンジ・ベネフィット的性格部分は必ずしも直接労働対価賃金ではなく，現物で支払われてもよく，また支払い能力にも左右され，さらに支払いが留保されてもよいものであることを意味する。

賃金的性格部分といっても，きちんと決まって支給される月例賃金とはもちろん趣きを異にするものであり，フリンジ・ベネフィット的性格としても，固定的賃金に付加される特別賃金としての賃金なのである。

① **臨時給与の機能**

さてそこで臨時給与の機能であるが，基本的には，月々の賃金，つまり月例賃金を調整する機能をもつべきものであるといえよう。なぜなら，まったく月例賃金と同じ性格と機能をもつものならば，当然，月例賃金に吸収されてしかるべきだし，またそのように努力すべきだということになる。

別個に，決まった形でなく，臨時に支払われるものである限り，それらは何らかの形で，決まって支給される賃金を補完し調整するものであるはずである。ではいったい，臨時給与はどのような機能をもつものであろうか。

まず，賃金的性格部分について考えてみよう。いったいに賃金とは，労働力供給価値（生計費）と労働力需要価値（生産性）の2つが労働市場で調整されて決まる「労働力の価格」である。つまり生計費と生産性の2つが賃金決定の重要な2柱をなす。したがって臨時給与が月例賃金の調整機能を果たすとするならば，それは，1つは物価（生計費）であり，他の1つは業績（生産性）だということになる。

　月例賃金は，わが国の場合，春季賃金交渉（生活改善闘争）という形で年1回の取引きによって修正され決定される。したがって，おおむね，物価や業績のその時々の動向を反映させることが可能で，物価や業績と賃金の間に，あまり大きなズレは生じない仕組みとなっている。しかし欧米の場合は2年協定，3年協定といった長期協定が多いため，その間の物価変動を自動的に受け止めるためのインデゼーションを必要とする。

　とはいっても年度中に急激な物価変動が起これば，それは臨時給与によって調整する以外に方法はない。もし物価が不安定となれば，この調整機能はとくに重視される必要があろう。

　また，企業の業績ももちろん，春の賃金改定の中で処理され賃金変動に反映させることができるが，これも年度中における業績の落ち込みや急激な上昇は臨時給与によって調整されざるをえないであろう。さらに春の賃上げは，そもそもマクロ的な日本経済の動向や，企業全体の業績の動向によって支配されるものであって，必ずしも企業の業績がそのまま適切に結びつく性格のものではない。それに，そもそも生産性と賃上げの関係は，長期的傾向として結びつくものであって，その年々の短期的な生産性の動きによって左右されるものではない。そこで企業レベルの短期的な業績によって賃金を調整する機能を臨時給与はもつべきである。このように臨時給与の賃金的性格部分は，1つは物価，1つは業績の短期的変化に応じて

賃金を調整する役割をもつこととなる。

　一方，成果配分としての追加還元的給付の機能をもつこととなる。従来の従属的な日本的労使関係は，西欧のように，対等で協力しあうといった形の労使関係に変化し成長していかねばなるまいが，それは経営参加という具体的仕組みをつうじて達成していくことになろう。経営参加は，わが国の場合，ドイツ的な共同決定方式という形ではなく，むしろ①事前協議制の充実，②成果配分システムの導入，③上司と部下の間の密接な意見の交流といった形が望ましくもあり，一般的でもあると思われる。その意味においても，今後は企業内で成果配分賃金を積極的に導入していくことが望まれる。

②　臨時給与の設計

　では，以上のごとき臨時給与の性格にのっとり，その機能を存分に活かしていくには，実際に臨時給与はどのような仕組みをとるのが望ましいであろうか。

(i)　固定的生活一時金プラス変動的業績賞与

　今日の臨時給与は，その経過からみても，また決定事情からみても，さらに前述の性格からしても，固定的な生活一時金と変動的な業績賞与の2つの部分をもって構成される。いずれか1つだけでそのすべてを説明しつくすことは不可能であろう。

　両者の構成比をどう考えるかであるが，一般に大企業ほど，生活一時金的部分が多く，中小企業ほど業績賞与的部分が多い（一般に60％程度とみられる）。生活一時金は固定的部分であり，業績賞与は変動的部分ということになる。また，生活一時金は無査定部分であるが，業績賞与は査定部分ということになろう。

　生活一時金は基本給にリンクした形で計算され，積み上げられて総額が決まるが，業績賞与部分は，業績に結びついた形でまず総額が決まり，それが配分されて各人の賞与額が決まるというプロセスをとる。つまり，生活一時金は一定の支給率（月数）をもって計算

5—1図 臨時給与のひとつのあり方

	夏	冬	春	計
固定一時金	1.2カ月分	1.0カ月分	——	2.2カ月分
業績賞与	——	1.0カ月分（売上げスライド）	0.8カ月分（利益配分）	1.8カ月分
計	1.2カ月（7月）	2.0カ月（12月）	0.8カ月（3月）	4.0カ月（年間）

される形のものだが，業績賞与は配分という形をとる。

(ii) 年間臨給協定

　臨時給与のうち，生活一時金的部分は，月収賃金と合わせてベース年収を形づくるものであり，したがってできるだけ労使はこれを計画的にとらえていくことが適切であろう。その意味において年間臨給協定方式をとることは望ましいものだといえる。

　しかしここで忘れてならないことは，前述の臨時給与の調整機能であろう。つまり，生活一時金を超える業績賞与は業績の調整機能をもつこととなる。

　　・生活一時金………基本給スライド——→生計費調整機能
　　・業 績 賞 与………業績スライド——→業績調整機能

　したがって，年間臨給方式をとるとしても，1年間の支給月数または支給額を夏・冬についてあらかじめピチッと全部決めてしまうというあり方は決してよいものではない。それでは調整機能をもつことはできないからだ。

そこで，生活一時金部分については，支給月数を例えば夏・冬というように年間にわたって決めておくとしても，情勢の変化，とくに物価の急激な変化があれば，その時点で労使があらためて交渉を行うという交渉再開条項を入れておくようにしたい。年間臨給はなにも交渉エネルギーの節約ということのみに主眼を置くべきでなく，計画性とか労使間の相互信頼感の醸成ということにも意義があるのである。

　一方，業績賞与については，総額算定方式（超過成果の配分）を労使で協定するという形をとり，その時の業績を的確に反映する仕組みをとるのが筋であろう。この場合も，あまりにも大きくかつ急激な業績の変動が予想外の幅をもって生じた時は，算定方式について若干の修正を行う，という話し合いが労使で行われるという取り決めが必要だと思われる。

　これからの時代にあっては，物価も業績も不安定な動きをすることがしばしば生じてこよう。かつてのように物価が比較的安定し，かつ持続的に安定成長がスムーズに行われていた時期にあっては，あらかじめ1年間の臨時給与を支給月数または支給額をもって決めてしまうという年間臨給方式も問題なく成立しようが，これからはそのようなあり方は無理であろう。年間臨給自体は望ましいものであるから，前述のような交渉再開条項を入れた形で今後は考えていくようにしたい。

③　**成果配分のシステム**

　固定一時金プラス業績賞与で臨時給与を検討するとして，業績賞与部分については成果配分賃金的性格のものにすることが望ましい。

　さてその成果配分賃金であるが，それは次の要件をもって構成される。

①　労使で何らかの形で共通の目標（目標成果）をもつ（ただし，それは労使協議と経営指標についてガラス張りであること

が前提となる)。
② その目標に向かって,労使はどこまでも協力しあってその実現に努力する。
③ もし幸いにして目標以上の成果,つまり超過成果が得られたならば,あらかじめ労使で確認しておいた分配率をもって一定の額をはじき,それを労働者に追加賃金として還元する。
④ もし不幸にして目標が達成できなかった場合,従業員の協力の努力に対し,何らかの形で報いるとともに,達成できなかった理由を労使間でよく検討し反省するとともに,新しい次の共通目標を設定し,行動を開始する。

ところで,共通の目標としては何をとってもよいわけだが,一般に付加価値額をとるラッカー・プラン,生産額ないし売上高をとるスキャンロン・プラン,それに節約額などをとるカイザー・プランなどがある。

成果指標としては,売上高をとることも考えられる。売上高は労働者に理解されやすく,かつ忙しかったという実感にも結びつく指標でもあるからである。しかし,成果配分賃金としては,成果としては売上高が経営にとって最終的な利益指標でないことを考慮すれば,付加価値額をとることが望ましいのではあるまいか。付加価値とは,"労使が一緒になって生産理論を通じて新しく生み出した価値"というものであり,成果配分の成果としては最もふさわしい。

年頭に労使で共通の目標付加価値額(目標成果)＝Aを設定する。そして年度の終わりに再び労使で達成付加価値(達成成果)＝Bを計測する。BがAを上回った部分を超過成果と呼ぶ。この超過成果の一定割合を労働者に配分するものを「賞与」と呼ぶ。

ところで,成果配分賃金のもう1つの問題点は,超過成果を還元する際の分配係数の取り方である。成果として付加価値をとる場合,この分配係数は,通常労働分配率がとられる。わが国では労働

分配率はかなり不安定であり、その目標分配率を設定することが難しい。そこで重要なのは、この分配率についても調整機能を付与することである。つまり、一定の範囲をもって分配率をあらかじめ労使間で取り決めておくが、実際の配分にあたっては、その時点での付加価値の大きさや資本回転率の動きなど諸指標を勘案して、労使であらためて協議し最終的に分配率を取り決める形をとるのがよい。実際のケースをみても、このように分配率を一定の幅をもって設定し、かつ、協議再開の余地を残している時において成果配分賃金は長続きしている。

以上のように、臨時給与はすべてにわたって調整機能を有するのだという性格づけを知ることこそ何よりも肝要なのだといえよう。

④ 個人配分の考え方

生活一時金部分については、前述のように基本給リンクであるから、配分という概念は入り込む余地はないが、業績賞与は配分という考え方が必要である。そして、この配分の場合にも月例賃金の調整機能という役割を果たすように配分係数が設定されるのが望ましい。

つまり、月例賃金があまりにも年功的であるなら、賞与の配分は仕事とか能力が十分考慮されてなされるべきであり、また逆に、月例賃金が勤続などがほとんど考慮されていないものであるなら、配分において長期勤続者が優遇されるような係数が少しでも加味されることが適切なのである。また、例えば営業部門の従業員がかなり苦労しているにもかかわらず、賃金の安定性や他の職種とのバランスという立場から、業績給を制限して支給せざるをえない事情がある場合、臨時給与で営業部門に若干高めの配分を行うという配慮があってもよいであろう。

月例賃金に単にリンクするだけでは、賞与が月例賃金のゆがみやひずみをそのままさらに増幅することになり望ましくない。逆に、

そのゆがみやひずみを是正する形で配分がなされるなら，まさにそこに臨時給与の積極的意義がみいだされる。

かくして個人配分係数として何をとるかは，あくまでも月例基本賃金の性格との関連で検討されてしかるべきであろう。「個人の成績」「個人別資格」「部門別の繁閑または業績」さらに「勤怠」といったものが基本賃金の中で十分処理されているならば，もはや業績賞与に再び乗ずる必要はない。なぜならば，2重計算は厳に戒めるべきであるからである。成績が悪いと基本給も低い，ボーナスも低いのでは救われない。やはりどちらかでその問題は処理されるべきであろう。上記からして，1つの個人配分式を示すと，次のようになる。

・算定基礎額×平均支給率×成績係数×資格係数×部門別係数×勤怠係数＝ 個人賞与額

資格とは，その人のやっている仕事，能力，勤続，年齢の位置づけである。これはすでに述べたように，本来，基本賃金の中で処理されるべきであるから，そちらで処理されるならば，もはや臨時給与に反映されるべきではなかろう。ただし，例えば月例基本賃金には勤続はほとんど反映していないということになるならば，やはり長期勤続者に対して，せめて臨時給与において何らかのプラスアルファがつくような係数配分が行われることもいたし方ないのではなかろうか。

また勤怠の問題も，もしそれがノーワーク・ノーペイの原則に立って，基本賃金の中できちんと整理されるならば，もはやボーナスにこれを反映させる必要はないであろう。しかし，月例基本賃金がノーワーク・ノーペイの原則とまったく無関係に，休もうが遅刻しようが，基本賃金は誰も同じというルールであるならば，せめて臨時給与においてその差は何らかの形で処理される必要があろう。

たえず賃金というものは正当な労働力または労働に対応するということが条件となるからである。

　成績係数であるが，基本賃金はやはりできれば仕事の難しさや技能度，習熟度によって決定されることが望ましい。遂行度としての成績はかなり偶然的なものがあるし，また本人がいかに優れていても，組織の悪さ，上からの命令，指示のお粗末さ，配置の間違いなどがあれば，<u>成績は，本人の能力とは無関係に決まってくる場合もありえる</u>。したがって，成績考課をもって基本給を大きく査定づけることは，必ずしも適切であるとはいえないような気がする。このような意味からして，むしろ成績，つまり遂行度は臨時給与で一時的に処理してしまうことが望ましいともいえる。成績を基本賃金にまったく反映させないということも問題があるであろうから，若干反映させるとしても，臨時給与部分で成績考課は主として反映されるべきだ。

　部門別係数というのは，部門によって繁閑の差，業績遂行の差がある時，基本賃金にこれをおり込むことはほとんど不可能であるから，もし従業員からそういうことに対する不満なり，それによって賃金の差をつけることへの願望が大勢を占めるならば，臨時給与で部門別係数として何らかの係数差を掛けることが考えられる。しかしこの場合も，部門別の繁閑および部門別の業績遂行度というものはたいへん算定が難しいから，委員会などを設定し，十分納得のいく係数を，一定の試行期間ののちに設定することが望まれる。なぜならば，本人の努力以外に，その置かれている周囲の情勢によって売上高が変化する可能性もあるからである。

　また，このような部門別係数は，個人の能力や努力とは無関係の場で決まってくることもあるのであるから，その係数格差はできるだけ小さいものとしておく必要があろう。どんな悪い職場に配属されたとしても，本人が努力すれば結果的には高い臨時給与が得られ

るような形で係数は設定されていることが望ましい。

2　フリンジ・ベネフィット

　フリンジ・ベネフィットは，付加的給付としての性格をもつ。中身としては，現物給付，退職金，福利厚生費からなる。

　さて，この中でとくに問題となるのは，退職金である。退職金は，後払い，失業保険金，功労報奨，老後の生活保障，定着対策といったさまざまな性格を秘めながら，徳川時代後半から，そして制度的には明治時代の後半から今日に至っている制度であり，その性格の変化も，時代に応じてさまざまであった。ただいえることは，このような功労報奨的または後払い的な性格は，今日の賃金水準および高齢化のもとでは，いつまでも残し続ける合理性は失われるということではなかろうか。

　とするならば，今後，退職一時金の従来のあり方は再検討されざるをえない。いや，現に65歳までの継続雇用が義務化された今日，退職金はひとつの変革期を迎えている感が強い。これからの方向としては，老後の生活保障としての考え方に，漸次色彩を変えていくものと思われる。

　老後の生活保障ということになれば，一時金的な考え方よりも，むしろ毎年一定の額が保障されるという年金の考え方がより適切であろう。つまり<u>退職一時金は退職年金という性格の比重が高まっていくこととなる</u>。そのような動きは，最近の退職金をめぐる検討の中でも，明らかにくみ取ることができる。しかしもちろんまだわが国においては退職一時金への願望なり必要性も高い。

　一時金を必要とする理由が存在する一方，年金に対する不信感が強いということにもあるのである。したがって，今後，一時金が年

金に完全に変わるためには，定年年齢が公的年金の予定されている支給開始年齢である65歳まで延びること，住宅事情が整備され，定年時においてはほぼ住宅問題が解決されている状態，さらに物価と年金との調整機能が充実し，一方，現在の10年ないし15年有期の年金レベルが終身年金，そして十分な年金のレベルに引き上げられる状態において，わが国の退職金は年金化の道を確実にたどることとなろう。

いろいろの世論調査をみても，老後の不安は退職時にむしろ集中している。つまり，定年で企業からリタイヤした場合，再就職の費用とか，住宅費用とか，子供の教育費用など，当面の費用がいるのであって，年金どころではないというのが実情ではなかろうか。それほど，まだわが国の労働者の賃金はほんとうの意味では豊かではないのである。

年々，量的な賃金は上がってきた。しかし，その豊かさとしての位置づけは，まだまだ低い。量的賃金のみの追求よりも，やはりこれからの賃金においては，むしろそういうほんとうの意味での豊かさを追求するあり方が，これからの賃金問題の最大の課題であるといってもよい。

退職金問題は，それ自体としてとらえるのではなく，時間短縮，定年延長，公的年金の充実，老後における社会参加への制度，核家族化への防止策，こういったもろもろの方策の中で考えていくべきではなかろうか。2000年代は，真にゆとりある生活と質の高い労働が求められる時代である。

第6章

ベア・定昇と賃金調整

1　生産性と賃金決定

(1)　賃上げの吸収要因

労働装備率 × 資本生産性 × 価格 × 付加価値率 × 分配率 = **賃金**……①
　K/L　　　O/K　　　P　　V/OP　　W/V　　W/L

この①式は，左辺と右辺が等しいことは誰にでも理解することができよう。すなわち，左辺の4項目を総合すると，1人当たり付加価値額，つまり付加価値生産性（V/L）になる。したがって，①式は次のように示すことができる。

付加価値生産性 × 分配率 = **賃金**……………………………②
　　V/L　　　　W/V　　W/L

この②式が意味するところは，賃金を上げるには付加価値生産性を上げるか，分配率を変えるしかないことを意味する。つまり，労働者が食べる実を増大するには，リンゴの実（付加価値生産性）を大きくするか，ナイフの入れ方（分配率）を変えるしかないことを示している。そして，リンゴの実，つまりパイを増大させるには，生産性（O/L）を上げるか，付加価値率（V/OP）を向上させるか，価格（P）をつり上げるしかないことを示す。

$$\underbrace{\frac{K}{L} \times \frac{O}{K} \times \frac{V}{OP} \times P}_{\frac{O}{L}} \times \boxed{\frac{W}{V}} = \boxed{\frac{W}{L}} \quad \cdots\cdots③$$

物的生産性 × 付加価値率 × 価格 × 分配率 = 賃金 ……④

したがって，次の4つの項目が賃上げ吸収策ということになる。
- (イ) 量的拡大（K／L，O／K）
- (ロ) 質的改善（V／OP）⟶ { 能力の開発と活用 / 人事・賃金制度の再編 }
- (ハ) 価格引上げ（P）
- (ニ) 分配率の引上げ（W／V）

この四項目の中で分配率と製品価格は無条件に上げることは望ましくないから，結局，基本的な賃上げの吸収策は，あとの2つということになる。ただし量的拡大は，これまでは多くを期待できたが，今後はスローダウンせざるをえないものとなるから，質的向上に力を向ける必要がある。つまり，新製品の開発，計画生産，加工度の高い生産品目への切り換え，原材料の節約，内製外注の再検討，ムリ・ムダの排除などを通じて付加価値率を引き上げ，付加価値経営に転換していくことが要求される。またさらに今後は，省力化，能力主義の導入，そして賃金制度の近代化を進めていくことが必要であるといえよう。

なお分配率は，生産性と資本利益率と賃金の3つによって，結果的に決まってくる1つの数学的な比率にすぎない。3つのものは独自のエネルギーをもち，短期的には無関係に動いていく。したがって，それらの結果としての1つの比率である分配率も，あらかじめコントロールすることは難しいし，あまり意味はない。賃金は外部から決まってくるし，生産性は技術の函数であるし，資本利益率は1つの政策として設定されるからである。

このように考えると，分配率はそもそも企業レベルにおいては賃金を決定する指標にはなりえない。つまり，分配率は賃金決定の事前的指標としては意味をもちえないものとなる。しかしながら，企業としては一定の分配率を維持していくことは必要なのであり，したがって，賃上げ後の分配率がどうなったかをチェックし，それが異常に変動している場合は，それを元に戻したり，政策上で望まし

6－1図　売上高と付加価値

売上高 OP	
外部購入価値 （原材料費、動燃料費、外注費、修繕費）	付加価値

付加価値：労使が生み出した新しい価値
付加価値率：売上高の中に占める付加価値の割合

い値に復元するために，次の行動がとられることになる。つまり，いうなれば分配率は事後行動の基準となるわけである。

　事後行動としては，1つは生産性向上であり，他の1つは製品価格の引き上げである。つまり分配率が，経営にとって重要であることはいまさらいうまでもない。しかし，それはあくまでも賃金決定の場における指標としての意味ではなく，むしろ事後的に，賃金と生産性と価格と利益との関連をコントロールしていく判断基準として大きな意味をもつこととなる。したがって，分配率については労使で常日頃から十分検討し，そのあり方を理解しあっておくことが望ましいことになる。また，分配率を決める場合に，付加価値の定義が問題となるが，企業の内部においてはあくまでも"新しく生み出した価値"という定義で処すべきで，その具体的内容は，企業の中で最も理解され，算定され，納得されやすいものをとるのがよい。

(2) 生産性基準原理

　生産性で賃金を決めるという場合，成果の公正分配という立場からいろいろと検討すべき問題がある。
　さてそこでまず，さきの①式（158頁参照）を，姿を変えて次のように示し直してみよう。

$$\text{実質生産性} \times \text{総合物価} \times \boxed{\text{分配率}} = \text{実質賃金} \times \text{生活物価} \cdots\cdots ⑤$$
$$\text{(デフレーター)}$$

名目生産性　　　　　　　　　　名目賃金

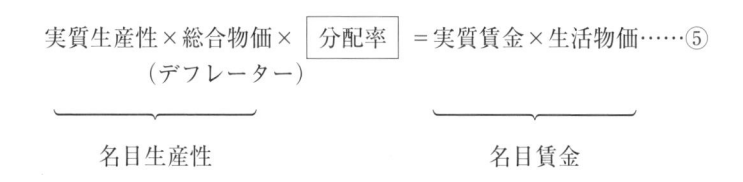

すると，生産性で賃金を決めるという場合，次の４通りがあることになる。

- (イ)　実質生産性──名目賃金（経団連）　　インフレ抑制と収益率低下防止
- (ロ)　実質生産性──実質賃金（労働組合）　　実質賃金の引き上げ
- (ハ)　名目生産性──名目賃金　　　　　　　両政策のミックス
- (ニ)　（実質生産性＋政策物価）──名目賃金　調整インフレの立場

(イ)が経団連のいわゆる生産性基準原理の立場であり，(ロ)が労働組合の賃金政策論の立場である。

ここで実質賃金というのは，生活手段としての財貨やサービスの質と量で賃金の価値を表示する概念で，それは賃金の購買力つまり実質賃金をあらわす。例えば，いま日本の賃金水準は１カ月当たり普及型小型自動車の４分の１台分相当といったとらえ方である。賃金の国際比較をする場合など，この概念がしばしば使われる。労働者にとっては名目賃金よりも真に大切なのは，この実質賃金であることはいうまでもない。

ところで，経団連はかつて"生産性基準原理とは，わが国全企業における，１人当たり人件費の上昇率を国民経済生産性上昇率の範囲内にとどめるならば，賃上げによるコスト・プッシュ・インフレをもたらすことはないとしているが，逆にいえば，生産性を上回る賃上げをすればインフレになるという当然のことを表明しているのであり，一部論者のいうような賃上げ抑制論ではない"（「労働問題研究委員会報告」昭和59年１月11日）としている。

一方，労働組合側も、かって経済・社会政策研究会の「逆生産性基準原理の提唱」（1984年2月）の中で明らかだが，これによると今日の経済課題はインフレ克服から景気の回復，国際的な黒字幅の縮小に移ったという認識に立って，"われわれは国民経済生産性経済上昇率＝実質賃金上昇率という命題に注目する必要がある。さし迫ったインフレの危険のない現状において，生産性の上昇に見合う実質賃金の上昇こそ，国内需要拡大という要請に応える道だからである。（中略）生産性の上昇に応じて，生活向上分を積み上げることが国内需要拡大のため不可欠であり，生産性上昇率を実質賃金上昇率に等しくさせるという意味での，生産性基準原理を貫くことが時代的要請に応える道である"としており，さきの㋺式に準拠している。

　すなわち，労使いずれもその賃金決定基準はさきの⑤式（161参照）を共通の基盤としており，違いは政策目標の優先順位と選択にあるだけである。したがって，どちらが正，どちらが否といった概念的議論は通用しない。問題は，その時点での経済や経営の読み方であろう。エコノミスト集団，中立的第三者研究調査機関などが，新しい経済社会構造に即した配分政策を示し，社会的なコンセンサスをえ，それが賃金決定における配分政策の判断基準をなすことが望まれるし，必要でもあろう。

　物価，賃金，国際競争力の動向などにみる情勢の変化だけではなく，社会・経済の成熟化や国際化，ミドル・マス時代の到来，価値観の変化，高技術化など社会や経済や労働の枠組み自体が構造的に変化していく中で，成果配分のあり方も当然変化していくことが公正さの条件であり，それに対応しきれない時，成果配分は不公正なものとなる。

　生産性向上成果の公正配分を進めるには，配分政策のあり方とあわせて，一方においては配分の仕組みがきっちりしていることが，

6―1表　政策のターゲットと配分基準

ケース	配分基準	政策ターゲット	名目分配率
a (経団連)	実質生産性で名目賃金を決める	・インフレ抑制 ・国際競争力の強化 ・失業防止	下がる場合が多い
b (労　組)	実質生産性で実質賃金を決める	・実質賃金の回復 ・国内消費需要の拡大	上がる場合が多い
c (現　実)	名目生産性で名目賃金を決める	・上記a，bケースの政策目標のすべて	不　　変

もう1つの条件となる。

配分の仕組みとしては，とくに，次の4つが大切であろう。

(イ)　労使対等の交渉機能
(ロ)　社会的所得再配分機能
(ハ)　企業レベルでの成果配分制度
(ニ)　賃金決定制度

労使の交渉機能については，組合員の欲求と意思の結集，交渉基準の設定の仕方，定昇の位置づけ，相場形成，業績格差と個別賃金格差への対応，制度政策の展開，生涯総合福祉の組み合わせと実現，労働形態・雇用形態の多様化への対応，企業レベルでの賃金交渉の充実など，新時代環境に即したあり方をいかに再構築していくかが大切である。

2　長期賃金政策

以上から明らかであるように，生産性によって賃金を決めるとし

ても，賃金上昇にみあう生産性向上を確保していかなければならない側面も重要である。そこに長期賃金政策の位置づけがある。

つまり，一般に長期賃金政策は次の柱からなる。

① 将来に対する賃金と生産性向上の予測計画値を設定する。
② 必要な生産性向上を可能にするための諸方策を労使で設定し，その実現を目指して努力をしていく。
③ そのような賃金上昇の中で，個別賃金がどのような形で整理され，引き上げられていくかをみつめる。
④ あわせて退職金とか，手当とか，臨時給与など，付加的賃金の整理がどう行われるべきかを予測する。
⑤ このような長期賃金政策を国民経済の動向や長期経営計画との関連の中で調整し，労使が対等の立場で参加し公開，協議，還元の精神を貫いていく。

長期賃金政策は，今日，それは単に量的なものから，質的充実へと変容を遂げつつある。ゆとりある生活，質の高い労働への指向が明確になりつつある。

そこで貨幣賃金のみならず，労働時間短縮，生活物価の引き下げ，定年延長，退職金の充実，ストックの再配分，税制改革という総合的な取り上げ方となっている。

ところで，そもそも長期賃金政策のねらいは次のようなものである。

㈜可能性を最大限に発揮するための手段や政策を発見することである。㈹一定の目的を明確にすることによって全員の理解と協力が得られやすい。㈬毎年の賃金決定や配分を計画的に考えていくことができる。㈪労使それぞれ自らの立場を相手側に理解させることができる。

ところで，長期賃金政策は，その範囲，内容，形態などいずれも時代とともに変化してきている。

6-2図　長期賃金政策のパターン

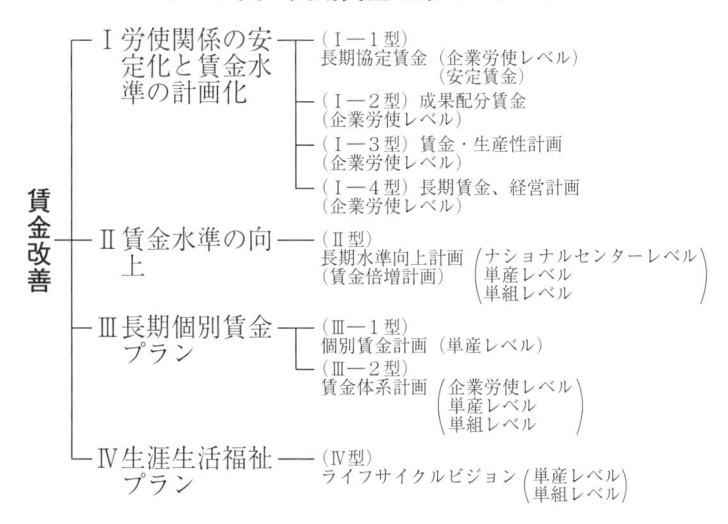

賃金改善
- Ⅰ 労使関係の安定化と賃金水準の計画化
  - (Ⅰ-1型) 長期協定賃金（企業労使レベル）（安定賃金）
  - (Ⅰ-2型) 成果配分賃金（企業労使レベル）
  - (Ⅰ-3型) 賃金・生産性計画（企業労使レベル）
  - (Ⅰ-4型) 長期賃金、経営計画（企業労使レベル）
- Ⅱ 賃金水準の向上
  - (Ⅱ型) 長期水準向上計画（賃金倍増計画）（ナショナルセンターレベル／単産レベル／単組レベル）
- Ⅲ 長期個別賃金プラン
  - (Ⅲ-1型) 個別賃金計画（単産レベル）
  - (Ⅲ-2型) 賃金体系計画（企業労使レベル／単産レベル／単組レベル）
- Ⅳ 生涯生活福祉プラン
  - (Ⅳ型) ライフサイクルビジョン（単産レベル／単組レベル）

　すなわち，大きく分類すれば，6-2図のように労使関係安定化をねらいとしたもの，賃金水準の引上げの計画化を中心としたもの，個別賃金プランに焦点をあてたもの，そして生涯福祉プランが基幹となるものの4つに分かれる。

　わが国についてみると，まず50年代が第1期で，この期はもっぱら労使関係の安定化を意図した形の長賃が主であった。長期安定賃金，成果配分賃金，長期賃金生産性計画などがそれであった。続いて60年代が第2期で，この期はわが国の賃金が本格的に上昇に転じた時期であっただけに，計画的に賃金と経営と産業の発展を図っていこうとする賃金計画が登場し，それは長期賃金経営計画という形をとった。

　すなわち，この期はわが国の高度成長，大幅賃上げ期にあたり，賃金計画ももっぱら賃金の水準を引き上げる，いわゆる長期賃金計画が主体をなしていると同時に，個別賃金，賃金体系への認識が高まってきており，鉄鋼労連などを主体とする長期賃金計画，同盟の

長期賃金計画などが登場してきている。

そして70年代の調整期，80年代の経営強化期を経て90年代には，賃金の豊かさの追求が生涯ベースで強く意識されるに至った。これを受けて2000年代には生活ビジョンを設定し，広い社会的つながりの中でそれを実現していこうとする賃金の豊かさを求める政策が登場する時代となっている。

3　ベアと昇給と定昇

(1)　ベアと昇給と定昇の違い

物価が上がったり，生産性が向上したり，各人の技能が向上すれば，賃金を上げねばならない。これが賃金の増額である。

さて，そのような賃金の増額は，具体的には，ベアと昇給の2つによって行われる。ベアというのは，賃金表を書き替え，引き上げることであり，昇給というのは，賃金表の中で各人が成長し，場所を移動することである。賃金表は，その数字はいつまでもそのままおいておくわけにはいかない。賃金の決定基準，つまり生計費や労働の需給事情や生産性が変われば，当然賃金表も書き替えていかねばならないからである。商品の値段表を，条件が変更されれば書き替えるのと同じように，労働力の価格表である賃金表も書き替えられていかなければならない。賃金表をベースといい，したがって賃金表の書き替えがベース・アップである。つまり，ベアはあくまでも賃金表の改定，引き上げである。

一方，各人の仕事や能力や勤続，年齢などが上がれば，各人の賃金も賃金表の中における場所が移動する。このように，賃金表の中で場所を移動することによって，個人別の賃金が上がっていくのが

第6章 ベア・定昇と賃金調整

6－3図 ベアと昇給の関連

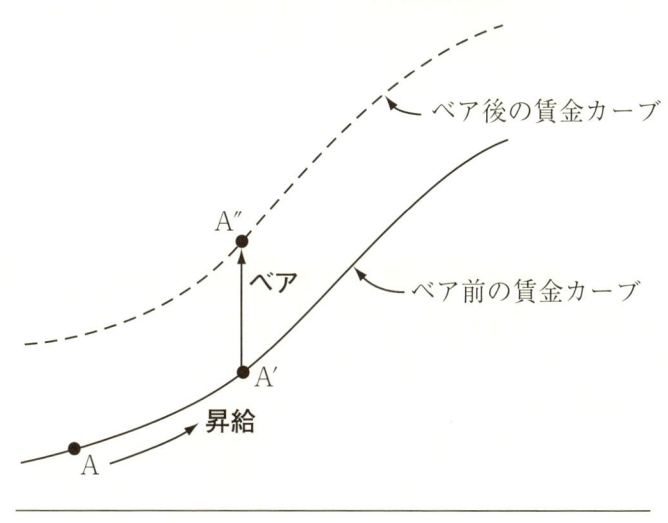

昇給である。上記からして、ベアと昇給は6－3図で示すような形となる。

　賃金の増額において重要なことは、①賃金表を設定し、②ベアと昇給を区分し、③ベアと昇給をそれぞれ一定のルールで実施することである。

　賃金表もなく、ベアと昇給も区別せず、ただ、平均賃金でいくら上げる、そして一律配分という形で賃金を決めていっても、それは公正な個別賃金の決定であるとはいえない。また、賃金表を書き替えることをめんどうくさがって、前年の賃金表で、全員を一定の幅だけ昇給させることによって運用するあり方も望ましくない。賃金をたえず公正に維持していく努力がなされねばならない。昇給は、もし、年齢別、職種別の人員構成が前年とまったく同じであるならば、追加原資は不必要となる。実際問題としては、やめる人が少なく、最近のように年齢構成が上がれば昇給原資はやはり必要となる。もちろんその場合にも若干の若返りはあるのだから、昇給原資

はその分だけ少なくてすむこととなる。

「ベア」………労働の銘柄別価格（<u>個別賃金</u>）の改定
　　　　　　〔交渉による決定〕
　　　　・要素………物価，生活水準，生産性，労働力需給関係

「昇給」………労働の質（銘柄……仕事・能力・年齢）の向上による<u>個人別賃金</u>の制度的上昇

　昇給はさらに定期的なもの，定期的でないもの，労働組合員の大部分が恩恵を受けるもの，そうでないものに分かれる。定期的に組合員の大部分が恩恵を受ける昇給分がいわゆる定期昇給であり，一般に定昇と呼ばれる。したがって定昇は昇給の一部であって，すべてではない。定昇は生涯労働，生涯生活を維持するための安定部分であり，まずこれを明確にし大切にすることが重要であろう。

昇給┬定期的なもの……組合員の大部分が恩恵をこうむるもの
　　│　　　　　　　──→定期昇給
　　└定期的でないもの……一部しか恩恵をこうむらないもの
　　　　　　　　　　　──→定昇でない昇給

したがって，定昇＜昇給

　ベアと定昇とは6—3図のように目でみる形でも異なり，6—2表のように，その性格や機能もまったく異なる。一方をもって，他方を補うことはできない。明確に区分して対応することが望まれる。

(2) ベアは率，定昇は額

　さらに，ベアと定昇では，表示の仕方も違う。ベアの決定基準は物価や生産性であって，これらはいずれも率の概念であり，したがってベアは率で表示され論ぜられるのが適切となる。しかし一方の定昇は，賃金表をベースとして運用されるもので，その賃金表は額で示されている。したがって，定昇は額で表現されるのが正しい。

6−2表　ベアと定昇の違い

基準	ベ　ア	昇給ないし定昇
対　象	全　体	個　人
要　素	生計費、生産性	仕事、能力、年齢
構　造	水　準（ライフレベル）	格　差（ライフサイクル）
運　用	交　渉	制　度
時　期	4　月	随　時（3月が中心）
査　定	無	有
表　示	率（％）	額（円）
性　格	社会性	企業性

　定昇を率で表現すると，相場論にはなじみにくいものとなる。なぜなら，定昇率は，企業の平均年齢次第で大きく変化するからである。今日，定昇額は5,000〜6,000円前後が相場であるが，定昇率は組平基準内（労働組合の平均基準内賃金）を分母として計算される。したがって，若い企業（分母としての組平基準内は低い企業）の定昇率は高く，高齢化企業（分母は高い企業）の定昇率は低いものとなる。概算的に示すと，次の数字が，社会的にみて適正定昇率となる。

　　平均年齢25歳…2.8％
　　　〃　　28歳…2.5％
　　　〃　　31歳…2.0％
　　　〃　　35歳…1.6％
　　　〃　　38歳…1.4％
　　　〃　　40歳…1.3％

　したがって，もしベア率が1.8％であった場合，定昇込み賃上げ率は，平均年齢25歳の企業の場合は4.6％，同じく35歳企業の場合

3.4％，40歳企業の場合3.1％が，同一ということになる。

　定昇を率で論ずる限りは，自社の適正定昇率が何％であるかを労使間で確認しあっておくことが，ぜひとも望ましいことになる。

(3) 定昇がさき，ベアがあと

　ところで，ベアと定昇の進め方は，定昇がさき，ベアがあとということになる。すなわち賃上げ交渉の手順は，次のあり方が適切となる。

　　　2月…組合員全員の定昇の計算
　　　　　…労使による定昇の確認（1人当たり定昇率，定昇額）
　　　3月…労組は定昇とベアを併せて要求
　　　3月～4月…交渉―妥結
　　　　　　妥結すればベア幅が自動的に決まる。ベア幅で賃金表と
　　　　　　初任給の改定――各人の新賃金の計算

これでわかるように漠然と平均賃金を上げ，これを配分する形で一人ひとりの賃金を決める形は必ずしも望ましくはない。あくまでも賃金表をベースとして，賃金改定がなされるようにすることが，新時代の賃金決定方式として望まれるところとなる。以上からして定昇に関しては，次の6点がとくに重要であろう。

① 定昇は賃金表にしたがって計算され，積み上げられ，1人当たり平均の定昇額，定昇率が決まるものである（総額を決めて配分するものではない）。

② 定昇は制度として実施されるもので，そのつど交渉して決めるものではない（ただし，ベアは交渉して決めるもの）。

③ 定昇の大きさ（額とか率）は年々変わるもので，決して，同一ではない（したがって固定して考えてはいけない）。

④ 定昇は現行の賃金表（前年の春の交渉で決まった賃金表）に基づいて実施し，しかるのち，賃金表の改定（ベア）を行う

（定昇がさき，ベアがあと）。
⑤　労組としては，定昇とベアを併せて賃上げ要求をする。
⑥　賃上げ率（定昇込み）が妥結したならば，ベア率が自動的に決まる。その率を用いて，初任給の改定や賃金表の改定を行う。

(4) 賃上げと平均賃金（コスト）

　定昇は，すでに述べたように，昇給の大部分ではあっても，すべてではない。定昇でない昇給があるからである。定昇でない昇給は，春の賃上げ率には表示されないが，年間を通して平均賃金を押し上げる。定昇でない昇給としては，"昇格昇給"や"手当の自然増分"（扶養家族が増えて家族手当が増えるなど）がある。そしてそれらは，企業によってもちろんさまざまであるが，一般的には，0.6％程度はある。したがって，賃上げ率が仮に，定昇込みで2.9％であっても，年間を通しての平均賃金の上昇率は，3.5％ということになる。
　一方，定昇が仮に1.6％であったとしても，年間を通して，平均賃金が1.6％上昇するわけではない。労務構成の変化によって目減りするからである。例えばエスカレーターに乗っている人は上がっていくが，エスカレーター自体は，1センチも上昇しない。内転しているからである。実は定昇も内転原資である。一方で，定年でリタイアしていく者（高い賃金）があり他方で若い新人（低い賃金）が入社してくる。このリタイアローテーションによって，定昇原資はまかなわれる。したがって完全リタイアローテーションがなされていれば（年間で平均年齢がまったく上昇しなければ）定昇は1.6％であっても，平均賃金は1円も上昇しない。つまり，1.6％のすべてが目減りすることになる。もちろん，誰も辞めず誰も入ってこなければ，1年に1歳年齢が上昇し，定昇の目減りはまったくない。
　今日，わが国では，一般的にいって，1年で0.34歳程度，平均年

6—4図　ベア、定昇と平均賃金（コスト）の上昇

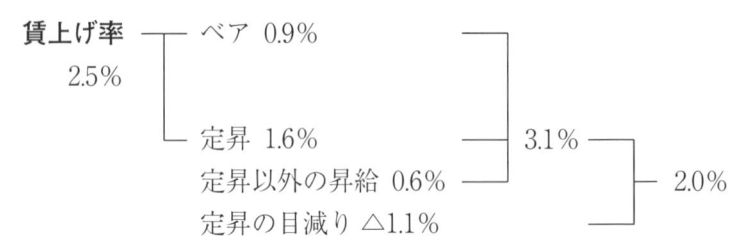

```
賃上げ率 ─┬─ ベア 0.9% ──────────────┐
  2.5%    │                          ├─ 3.1% ─┐
          └─ 定昇 1.6% ──────────────┘        ├─ 2.0%
             定昇以外の昇給 0.6% ──────────────┤
             定昇の目減り △1.1% ──────────────┘
```

齢が上昇している。とすると，定昇は1年につき，その3分の2程度は目減りすることになる。1.6％の3分の2は約1.1％となる。つまり，春の賃上げ率における定昇率が1.6％であっても，実際に，年間を通しての平均賃金の上昇率は，0.5％程度だということになる。以上をまとめると**6—4図**のようになり，仮にある年の春の賃上げ率が2.5％だとしても，年間の平均賃金の上昇率は2.0％程度だということになる。

　定昇込み賃上げ率は以上のように，いろいろの問題点を含んでいることを，労使はよく理解しておくことが大切である。

4　ベアと個別賃金政策

(1)　ベアの配分

　定昇込みで賃上げの大きさが妥結したならば，すでに定昇はあらかじめ労使の間で確認されているのであるから，自動的にベア幅が決まる。そのベアをどう配分するかであるが，配分には特定の部分に配分する調整配分と，全体に乗せる全体配分の2つがあることになる。

　調整配分は，常日頃，労使で自社賃金をよく検討し，改善を要す

6−5図　定率配分・定額配分と賃金カーブ

配　　分	率	額
定率配分	→	↗
定額配分	↘	→
両者の和	↘	→

るものに集中的に配分するものである。今日的にみて，一般的には中だるみ是正，女性賃金の引き上げ，中途採用者賃金の是正，さらには技術系人材賃金の是正などが緊急課題だといわれている。これが弱いのでは人材の確保・定着，労働意欲の高揚，活力ある経営が不十分となるおそれが見込まれるからであろう。さて全体配分は，原則的には定率配分と定額配分の2つからなる。定率配分というのは全員，つまり賃金表の全面にわたって同一アップ率を適用するものであり，定額配分は全員に対して同一アップ額を加算するものとなる。

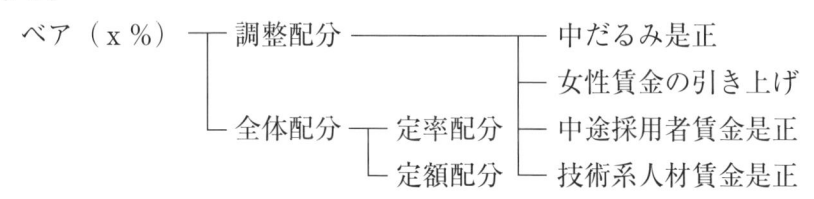

```
ベア（x％）┬ 調整配分 ──────────┬ 中だるみ是正
          │                      ├ 女性賃金の引き上げ
          └ 全体配分 ┬ 定率配分 ─┼ 中途採用者賃金是正
                    └ 定額配分 ─┴ 技術系人材賃金是正
```

「定率配分」……全員（つまり賃金表の全面）にわたって，同一アップ率を適用する

「定額配分」……全員に対して同一アップ額を加算する

6−5図でみるように定率配分は，賃金カーブを率的には不変だが額的には立てる。定額配分はその逆に，額的には不変だが，率的にはカーブをねせることになる。毎年のベア配分は，定率と定額のミックスによって行われているから，結局，賃金カーブは年々率的

には格差が縮小し，額的には格差が拡大する形をとることとなる。そのことは，定昇率は年々小さくなり，定昇額は年々大きくなることを意味する。

　賃金カーブを立てたければ定率配分を重視し，初任給を上昇させたければ定額配分を重視する形となる。賃金カーブおよび初任給のコントロールは，この定率と定額の配分ミックスによって行われることとなる。物価上昇が大きい年にあっては，定率配分を重視せざるをえず，逆に物価上昇が小さくベアよりも初任給の上昇が大きいと予想される年にあっては，定額配分が重視されざるをえない。70年代後半から80年代前半にかけては定率配分が重視され，80年代後半以降，初任給上昇が再び大きくなってくると定額配分が重視されるようになり，今日に至っている。

(2) 賃金カーブの変化

　定昇の大きさはその企業の基本給ピッチ，つまり基本給モデルの1歳当たり格差の大小によって左右される。基本給ピッチが大きいということは，賃金カーブは立っており，年齢に応じての賃金上昇の性能が高いということであり，基本給ピッチが小さいということは，賃金カーブが相対的にねており，賃金の性能がいわば低いということになる。ところでこの基本給ピッチ，つまり賃金カーブは当然のことながら，ベアがあればそのつど変化していく。ベアがなければ賃金表も賃金カーブも初任給も，一切変わらないことはいうまでもない。ベアの配分はすでに右に述べたように，定率と定額の2つの配分方式である。ところで年々のベア配分は，定率と定額のミックスによって行われているから，結局，賃金カーブは，年々，率的にはねて，額的には立っていくこととなる。

　これを定昇についてとらえると，定昇は率的に年々縮小し，額的には増大することを意味する。定額配分が重視される年には定昇率

第6章　ベア・定昇と賃金調整

6-6図　シャドー初任給

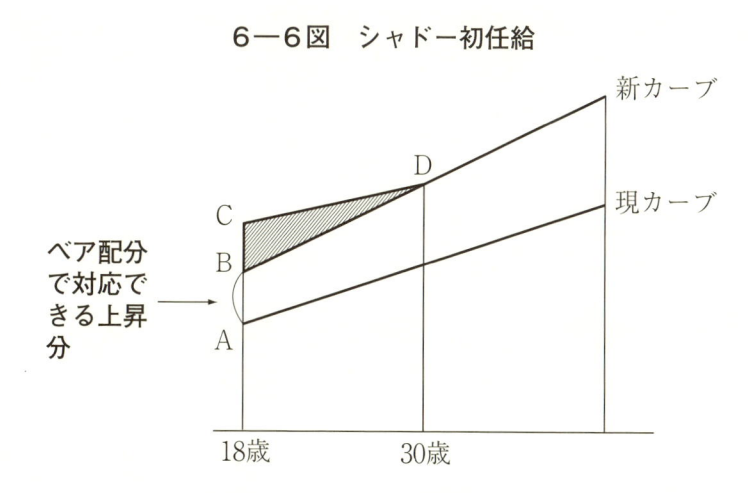

（図：新カーブと現カーブ、18歳と30歳、点A・B・C・D、ベア配分で対応できる上昇分）

の縮小は大きく，定率配分に比重がかかった年には定昇額の増大は大きなものとなる。

ところで初任給の動向も，配分のあり方に，大きく影響することになる。初任給の改定もベアの１つだからである。定額配分を重視すれば，通常のベアであれば，通常の初任給上昇を，その配分の中で受け止めることができているのがいまの情勢である。

できるだけ，初任給上昇はベアの配分の中で行うようにしたい。

ただし，ベアの配分の中で対応できないほど，異常に初任給が高騰する年にあっては，それはもはや，ベアの配分では処理できないことになる。6-6図のBC部分がそれである。これを受け止めるには，図のBCDで囲まれるところの，30歳までの遠浅面積の調整原資が必要となる。これははたしてベアの中なのか，それともベアの外での経営側の持ち出し原資なのか，労使で論議が分かれるところとなる。このシャドー初任給部分は，統計調査にもなかなかあらわれてこず，まさに陰の賃上げ部分ということになる。

このシャドー部分は，春の賃金表改定にも乗らず，賃金表の外（調整手当などとして位置づけられる）に置かれる。それだけに，

できるだけ早い期間に，基本給に吸収整理していくことが望まれる。鍋の上のバターのように，下から基本給にとけ込ませていく方式をとることになるが，できれば，3年くらいで吸収解決するようにしたい。

いずれにせよ，ベア配分は，はっきりした個別賃金政策に沿って行うようにしたい。その場限りのご都合主義で臨むことは厳に避けるようにすることが望まれる。

(3) ベアと賃金表改定

賃金表は「初任給」「基本給ピッチ」「各昇給項目への配分」，そして「職能給と年齢給の基本給の中に占める金額的構成割合」が決まれば作成することができる。したがってベアの配分の中で，初任給を決め，ピッチをきちんと改定し賃金表を改めてつくり直すようにする。

ところで，職能給が導入される場合，賃金表は当初は現実の年功賃金や，ゆがんだ賃金を受け止めねばならないので，それほど精密なものを仕上げるわけにはいかない。したがって，毎年の賃金表書き替えの過程で，漸次，高度化していく配慮が望まれるわけである。

賃金表は，6—7図でみるように，①単一賃率と範囲賃率，②範囲賃率はさらに下限のみのもの，下限・上限範囲が定められているもの，さらに，号俸が細かく設定されているもの，③また1つの等級に長く留まれば，だんだん昇給額が減っていくという凸型，むしろ逆に増えていくという凹型，同一等級である限り，昇給額が変わらない直線型などがあり，④さらにまた等級と等級との間の賃率がダブっている，いわゆる重複型，接続している接続型，さらにあいている開差型など，さまざまである。

最初，導入時点においては，どうしても幅の広い範囲賃率で，重複度も強く，しかも直線的なものから入らざるをえない。したがっ

6-7図　賃金表のパターン

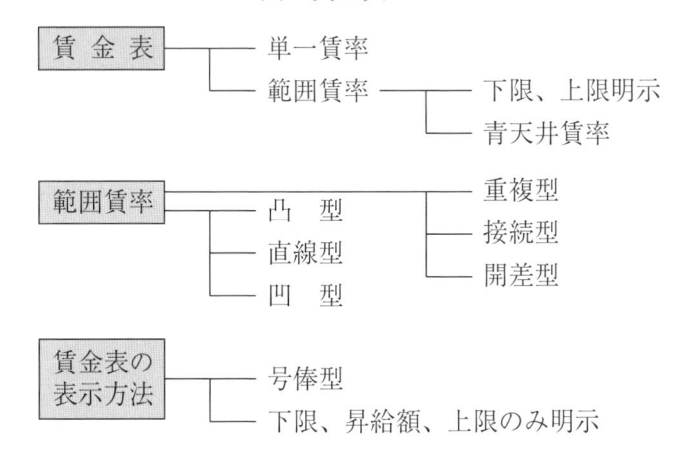

```
賃金表 ─┬─ 単一賃率
        └─ 範囲賃率 ─┬─ 下限、上限明示
                    └─ 青天井賃率

範囲賃率 ─┬─ 凸 型 ─┬─ 重複型
         ├─ 直線型 ├─ 接続型
         └─ 凹 型 └─ 開差型

賃金表の  ─┬─ 号俸型
表示方法   └─ 下限、昇給額、上限のみ明示
```

て毎年の賃上げにおいて，これを漸次範囲を狭め，上限を設定し，号俸制を定めるという方向に近づけていくように，書き替えが行われることが望ましい。

　級内昇給の昇給額も，毎年いくらかずつは確実に引き上げられていくべきである。しかしM職というような上の等級ほど，等級内賃率の範囲は小さく，等級間の賃率格差が大きいのが望ましい。つまり，6-8図でみるような形になっていることが望ましいが，Jクラスあたりは等級と等級との間で賃金が接続しているような形がよいといえる。したがって，等級内昇給額をJとかSクラスにおいては，毎年書き替えていくことが必要であるといえよう。

　また，基本給が，生活給（年齢給），労働給（職能給）という2本立てで構成されるというような場合においては，物価分については，少なくとも，両方とも定率で書き替えるべきであるが，初任給上昇の実質上昇配分，または調整分，または生産性向上追加分などについては，労使の政策にしたがっていずれかの項目に配分する。したがって，ある場合には，職能給部分に大きなウエイトで配分することもありうるかもしれない。しかし，物価上昇の激しい状況に

6−8図　職能段階別の等級賃率の形

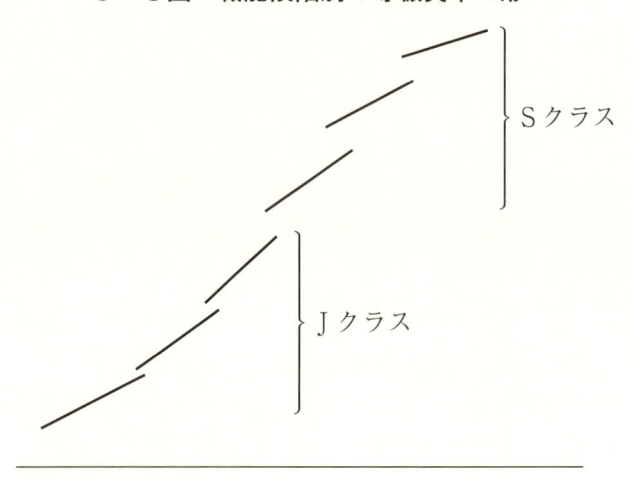

Sクラス

Jクラス

おいては，生活給分はたいへん重要な意味をもつから，やはり，その年の置かれている諸条件との関連で，労使が検討し，配分を決めればよいと思われる。

　一般的な賃金表の調整と改定のあり方については，上記のとおりであるが，実際問題としては，中だるみであるとか，中高年層のゆがみ是正とか，等級間格差是正など，いろいろと賃金表の調整が必要な場合が出てくる。やはり，個別賃金を賃金表を離れて調整しても，またすぐ同じようなゆがみが出てくるのであるから，賃金表自体を根本的に修正していくという態度が望まれる。

5　中途採用者の賃金

　今日，中途採用者の賃金は，いわゆる標準勤続者賃金に対し低い。標準者と中途採用者の賃金の格差は，労働省の賃金構造基本統計調査などでも明らかなように，年齢が高くなるほど，標準者に対する

中途採用者初任賃金の位置づけは，より低いものとなっている。

　また，各社で賃金体系の改定を行う際，是正の対象となるのは，ほとんどが中途採用者の賃金であり，このことも中途採用者賃金がその仕事や能力からみて，正当に評価されていなかったことを物語っている。現に，各社の個別賃金のプロット図をみても，中高年層における中途採用者賃金は標準者集団に比べ，2割ないし極端な場合には4割低い状態にある。

　いずれにしても，わが国の賃金において中途採用者賃金の低さが問題となる。

　このように中途採用者賃金が低い理由は，各社の中途採用者の初任賃金の決め方にある。つまり，前歴換算という形で，他社での経験年数が一定の割合で減率され，自社勤続に置き換えられたうえで，自社標準者賃金に対する100％以下の一定割合で賃金を決める仕組みが一般であるからである。同業種，同職種でも80％そこその換算率であり，異業種または異職種といった要素が絡んでくれば，8割以下の換算率で処遇される。

　わが国では他社での経験年数は，自社での勤続年数と同等の価値を有することはできない場合が多い。終身雇用，年功制のそもそもの発端は，企業内での技能教育を重視したこと，共同体的労務管理を機能させるために勤続貢献を考慮すること，さらに生産技術が企業間で閉鎖的であり，他社での技能経験は自社の生産技術への適応性が乏しかったことなどを背景としている。

　つまり，わが国の企業内労働市場は社会的に閉鎖的であり，そのことが勤続を重視する仕組みとして賃金決定にも大きなファクターとなる。このため，中途採用者は貢献度および技能度，さらに習熟度のいずれにおいても低いとする考え方が基本となっている。そのことが前歴換算という考え方の中におり込まれているとみてよい。

　個別賃金の公正さを実現していくには，中途採用者の賃金の正当

な位置づけが重要な課題となるが，そのためには次のような配慮なり検討が必要となろう。

　まず第1に<u>賃金制度自体の整備</u>である。中途採用者とは限らず，企業内賃金決定制度があいまいであり，かつ年功的であっては従業員の賃金の正当な位置づけは不可能である。まず賃金制度自体を整備し，賃金表の設定とその運用を明らかにしていくことが，中途採用者賃金是正の基本となる。

　<u>第2</u>は，前述のように総合決定給では，正当に仕事や能力の高さを反映させることは難しい。個別賃金を決定する要素，つまり，年齢，勤続，職務，さらには能力といった<u>要素ごとの賃金決定基準を</u>明らかにすることであろう。

　例えば，賃金体系の改善において，年齢給と職能給を併用し新しく設定する場合，ほとんど中途採用者の賃金が是正ないし調整の対象となることからして，賃金体系を要素別に分類し，整理することが，中途採用者賃金の是正のうえで大きく役立つことが理解できる。

　つまり，中途採用者にはそもそも生活給ないしは年功給的要素が大きく削減されているから，賃金決定において不利な条件となっている。中途採用者にも<u>生活給的な権利</u>を十分に付与するとともに，他社での経験を自社勤続としてできるだけ高めに評価することにより，標準者に付与される年功処遇のメリットを少しでも高く中途採用者にも付与することが望まれるわけで，そのためにも給与項目の整備が必要であろう。

　<u>第3番目</u>は，いま述べたように生活・年功的要素の復権を中途採用者に認めたとしても，仕事や能力自体の<u>正当な評価</u>が行われない限り，依然として中途採用者の賃金決定を公正にすることはできない。

　ところで問題は，能力を評価するには，日本のように社会的な技能評価のシステムが弱い場合，企業内で職務活動を通じての能力評

価を重視せざるをえない。つまり，入社時における正当な能力の評価は不可能であるからである。したがって，中途採用者の初任賃金を決める際は，能力よりもできるだけ職務の価値に主体を置いた賃金決定が正当であろう。

例えば，職能給を導入している場合の中途採用者の初任賃金決定方法は，次のような手順を踏むことが考えられる。

(i) 前歴，身につけている技能等を考慮しそれを活かす形で職務を決定する。

(ii) 職務の数にしたがい等級を設定する（したがって職能給のような場合でも，資格等級と職務との対応関係は，できるだけ明確にしておくことが望まれる）。

(iii) 格付け等級の初号賃金を適用する。

(iv) もし前収保証を必要とする場合は，調整手当を付し，一定期間後本人の能力に応じて吸収または整理する。

このように，当初は仕事を主体とした賃金決定を行うべきであろう。

ところで問題は，入社後勤続が経過する中でも，標準者への賃金の追いつきはきわめて遅々としており，ほとんど回復が行われていないのが現状である。

したがって，中途採用者賃金の正当な決定のうえでもう1つ重要なのは，入社後一定期間内に，能力や賃金の見直しを行うところの調整を制度化することであろう。

例えば，

㋑ 入社後10カ月以内に成績評価を実施し，在職者とのバランスをみながら賃金を是正する。

㋺ 3年以内に能力評価を実施し，等級賃金さらには必要とあれば仕事をも見直し調整する。

つまり3年程度で完全に調整を終えるルールが必要であろう。入

社後3年経てば,もし仕事や能力が標準者と同一であるならば,勤続および前歴のいかんをいっさい問わず同一賃金とし,中途採用のレッテルを抹消するようにすべきではなかろうか。

最近では,労働市場の流動化,人材不足の中で,各社でも中途採用賃金の調整条項をおり込んでおり,かなり熱心に是正が行われているのが実情である。それにしても依然として問題は残る。

それは,中途採用者で真に能力のある者は,標準者と同じレベルまで調整され引き上げられるとしても,能力が在職者の中のモデル者よりも劣る場合は,ほとんど調整が行われないままで据え置かれる。しかし,標準勤続者の場合は,仮に標準昇進者に比べ能力が劣っていても,年功処遇の中でかなり昇給を進めてきているから,その年功のおかげで結構,中途採用者との差が開いたままで残る。

したがって,調整条項を入れたとしても中途採用者と在職者が同一賃金となることは,一部の優秀者を除いてありえない。つまり,年功制思想がある限り,転職はわが国の場合不利であり,優秀な技能の持ち主でない限り,高齢に至るほどそのデメリットは大きい。仮に職務給100%を導入している企業でも,わが国の職務給の場合には,結構,勤続昇給がおり込まれた形で設定されているから,同一職務でも中途採用者と標準在籍者との間には格差が残り続ける。

つまり,制度的にどうしようとも,終身雇用,年功制という伝統的な労働慣行や考えが残っている限りは,中途採用者の賃金(転職に伴う賃金)は,仕事能力の価値の観点からして,在籍者とまったく同等にはなりえない。

そこで,中途採用者の賃金との関連で,今後,次のようなことが労使に要請されよう。

① 年齢別最低保障賃金の確立

　　年齢別最低保障賃金を労使で設定し,この下支えをもって中途採用者の中でも,とくに低賃金者を救済していく。

しかし大切なのは，このような年齢別最低保障賃金は，賃金制度と関連をできるだけもっておくことである。制度からする年齢別最低賃金と，年齢別最低保障賃金は一体であることが望まれる。つまり，年齢別最低保障賃金はできるだけ賃金体系の中におり込み，体系制度として労使が賃金決定機構そのものに，最低保障賃金を植え込むことが望まれる。

② 賃金体系の整備

すでに述べたように，年齢，勤続，仕事，能力に結びついた，いくつかの項目からなる基本給体系をともかくも整備し，中途採用者の仕事・能力の正当な評価と，有効な調整条項を設定するようにする。

③ 社会的労働市場の整備

職務の評価は企業の中で行われるとしても，能力の評価については，基本的なものについては，もっと社会的な仕組みの中で育成され評価される仕組みが，今後は必要となってこよう。つまり企業内労働市場の機能のみが強く，社会的な労働市場の機能が整備されていないところに，中途で転職した者の賃金決定が不安定なものになる根本があると思われる。労働市場ないし賃金決定の面で，いっそう社会化が図られていくことが，中途採用者賃金の是正の基本であって，これなくしていかに賃金体系の整備・充実を行ったとしても基本的に中途採用者賃金の正当な権利の復活は難しいであろう。

しかし，以上にもかかわらず，何よりも重要なのは，労働者自身がたえず自らの技能を高め，従来のように閉鎖的，画一的な企業内労働市場に身を任せきって，あんのんとして生涯労働を過ごそうとするのでなく，いつどこでも，十分にかつ正当に評価されうる技能を身につけていく気構えと，自覚こそが必要であろう。

以上を要するに，中途採用者賃金問題は企業内諸制度の整備，労

6—9図　生涯ベースでの賃金カーブの修正

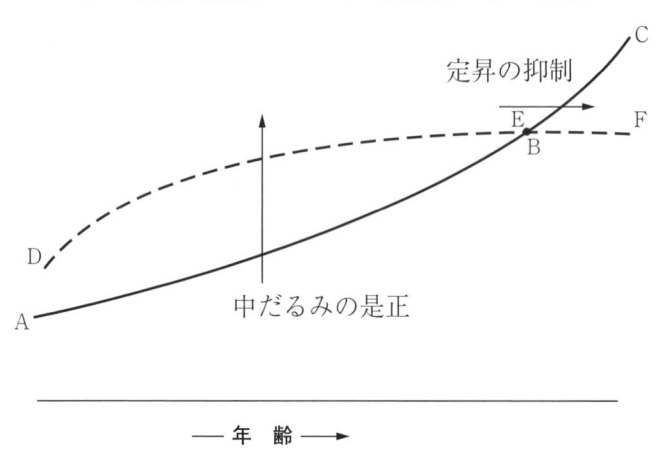

定昇の抑制

中だるみの是正

── 年　齢 ──→

働市場の社会性の整備，および労働者自身の自覚の3つが相まって正当に位置づけられていくものと思う。

6　生涯ベースでの賃金

(1)　賃金カーブの修正と賃金体系論

　わが国の従来の年功的賃金カーブは，6—9図のABCカーブのように，生涯労働に対しあと立ちのカーブであった。若い時の賃金の上昇幅（定昇ピッチ）は鈍く，生涯労働の後半に入って上昇幅は高くなり，定年の日まで定昇がおおむね続く仕組みであった。
　そしてそれは，それなりにあと立ちのABCカーブ賃金は，これまでの生涯労働，生涯生活にかけての仕事・能力カーブ，生計費カーブにも見合ったものであったといえる。
　しかしながらいま，産業，技術の高度化やライフスタイルの変化

の中で,生涯労働のキャリア形成,生涯生活の世帯形成のカーブは,6—9図のD,E,Fカーブのようなさき立ちのカーブに変容してきている。勤続10～15年前後の30～35歳層が高い能力で企業の中では最もいい仕事をしているし,消費生活も20歳代からこの層で活発なものとなってきている。また,終身雇用も漸次崩れてきている。

　しかし一方,賃金カーブは初任給の上昇などもあって,それほど修正されていないまま今日に至っている。以上を受けて賃金は,労働(仕事や能力)や生計費に対し,少しずつギャップを生じ,中だるみといった新たなゆがみや矛盾を強めると同時に,一方,中高年齢層では,賃金が労働に比べいささか過大すぎるといった事態も認識されるに至っている。それが30歳代層の意欲の低下や定年延長など中高年層の人材活用を阻害する要因となりつつある。55歳で一律になにがしか賃金をカットするといった不合理も生じよう。そこで新しい時代環境に即応する方向で生涯ベースでの賃金カーブを修正していくことも大切である。

　以上のような生涯ベースでの賃金カーブの修正は,賃金体系の組み立ての中で行われることが望ましい。すなわち年齢,業務内容,職能段階,キャリア,賃金水準などの成長に応じて65歳までの生涯労働を見通し,相互関連的に各ステージで賃金体系を組み上げていくことが望まれる。つまりヤング層からミドル層にかけては生涯労働,生涯生活の成長を促進するような生活給と職能給,成熟段階に入るハイミドル層にかけては職能給と役割給,そしてさらにシルバー層に入っては,職務や業績に直結した業績給がふさわしいといえる。すなわち,6—10図でみるとおりである。

(2) 個別賃金政策論

　生活大国にふさわしい職業生涯ベースでの個別賃金の創成には,次の4つのことが大切となる。

6－10図　生涯ベースでの賃金体系

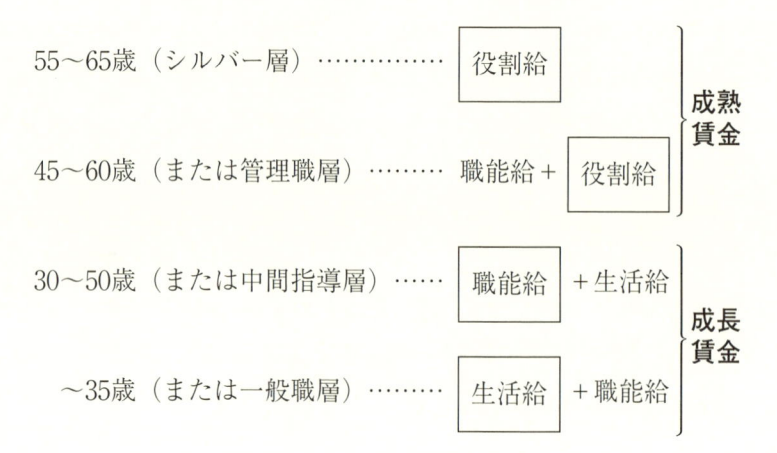

```
55～65歳（シルバー層）…………  役割給              ┐
                                                    │成熟
45～60歳（または管理職層）……… 職能給＋ 役割給    │賃金
                                                    ┘

30～50歳（または中間指導層）……  職能給 ＋生活給   ┐
                                                    │成長
～35歳（または一般職層）………   生活給 ＋職能給   │賃金
                                                    ┘
```

① 生活給と職能給をもって構成する公正な賃金体系の整備と賃金表の明示。
② ベアと定昇を明確に区分した個別賃金交渉方式への転換と確立。
③ 職業生涯ベースでの，生計費や技能習熟からみて均衡のとれた賃金カーブ（個別賃金格差体系）の形成。
④ 人間尊重の加点主義人事制度の整備。

いずれも相互に関連しあっており，独立的ではない。自社の人事・賃金制度，賃金水準，賃金決定方式などを，労使で徹底的に分析し，その問題点を改善していく方向で，前記の①，②，③，④を念頭において制度の充実を図っていくようにしたい。

なお，6－11図でみるように従来の賃金カーブABは，漸次CDカーブに接近していくことが望まれる。

そこでこれからの個別賃金対策として，次の3つが求められる。
　イ　中だるみの是正
　ロ　初任給のバランスのとれた決定（ベアを関連させベアの配分

第6章　ベア・定昇と賃金調整

6-11図　賃金カーブの変容と個別賃金政策

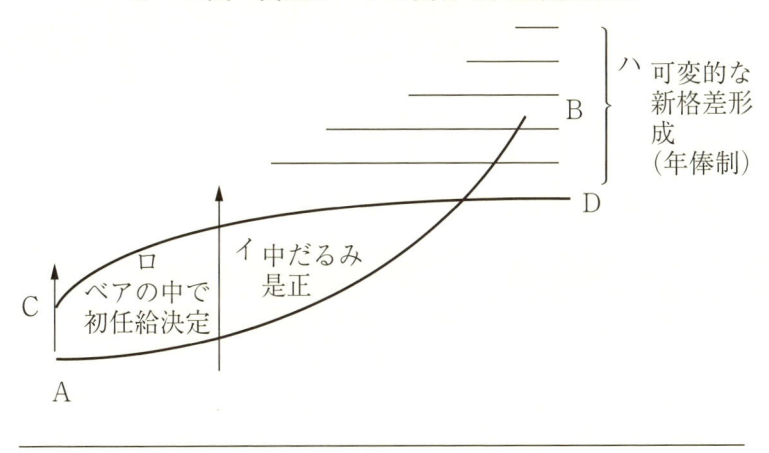

- イ　中だるみ是正
- ロ　ベアの中で初任給決定
- ハ　可変的な新格差形成（年俸制）

の中で決める）

ハ　上級職能には役割や業績による可変的な新しい格差形成（年俸制の導入）

第7章

能力主義人事の進め方

個別賃金を公正な決定基準に応じて決定していこうとするならば，まず仕事や能力を正しく評価すること，さらに能力の開発に心がけること，能力に応じて仕事が与えられるという配置基準が明確になること，こういったことが条件として整わない限り，賃金を仕事や能力に応じて正しく決めようとすること自体が，意味のないものとなる。

　つまり，賃金の近代化ということをは図ろうとするためには，まず，企業の中における人事雇用諸制度を近代化することが前提となろう。人事制度を明確にすることなく，賃金制度自体をより公正な形で明確化することは，ほとんど不可能であるといってよい。いい加減に仕事を与え，ろくに教育訓練を行わず，能力の評価も正しく行わずして，どうして賃金を，労働対価の原則にみあって，仕事の質量および能力に応じて決めることが可能となろうか。

　とくにわが国は，企業内賃金決定である。それだけに人事雇用制度と賃金との関連の意義は大きい。ヨーロッパのように，職種別・地域別労働組合や，企業の外で最低賃金を決めていくような，そういう方式のもとでは，必ずしも企業内人事制度が賃金に対して強い影響力をもつという必要はないかもしれないが，わが国においては，賃金決定そのものと人事制度とは，まさに裏表の関係で強く結びついている点を見逃してはならない。

　労働組合は，かつて賃金体系自体には触れなかったが，その後は個別賃金政策を通じてそれをより精密化するために，賃金体系にも積極的に働きかけざるをえなくなってきた。

　しかし，いま賃金体系の公正化を目指して，もう一歩進んで人事雇用制度そのものにも，積極的に働きかけている状況にある。

　人事雇用制度を経営側だけで一方的に行う時期はもはやすぎた。労働組合側の知恵も借りながら，共同でいろいろ研究し，ルールをつくっていくことが必要となる。

人事雇用制度のルールの設定は労使で，その運用は経営側で，これが最も賢明な方策であろう。運用自体にまで労働組合がタッチすれば，それは経営人事権を侵すことにもなりかねないし，また個人間の利害相反する事項について，組合が何らかの答えを求めざるをえなくなり，これは労働組合の運動自体にもマイナスとなりかねない。

　わが国の基本的な労働慣行であるところの社員成長システムは，人を育て，人が仕事を高め広げ深めるものであるだけに，能力開発に重点を置いた人間中心の人事制度を展開していくことが適切である。

　このような条件を整備したのちにおいて初めて，賃金体系の公正化に着手することが可能となろう。もちろんこれは，まず人事雇用制度を整備してから賃金体系の整備というのではなく，同時並行的に進められるべきものであることはいうまでもない。

1　日本的雇用慣行を活かす能力主義人事

　いまわが国の人事・賃金制度はまさに変革期にある。産業・技術構造の変革，高齢化，女性の労働力化など労働市場の変容，国際化，そして労働観の多様化などがそこにあるからである。人材を最大限に開発しフルに活用することによって経営力を高め，あわせて労働者すべての自己主張，自己充足を確かなものとするには，従来と違ったキメの細かい人事・賃金制度の整備，確立が求められてきている。

7―1図　各種の雇用慣行（人と企業との結びつき）

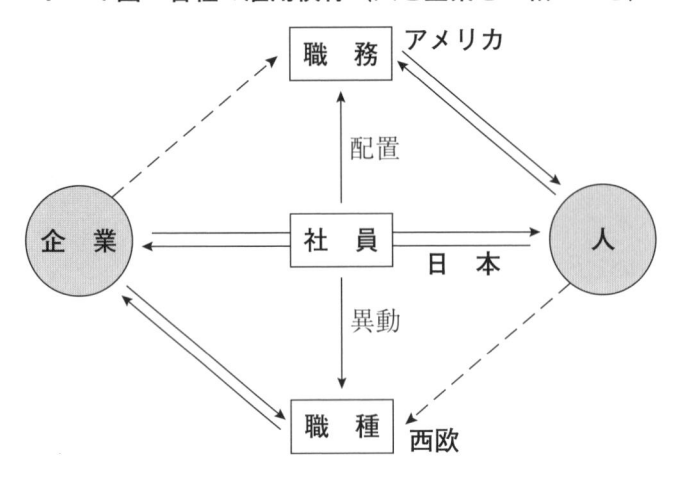

```
          職　務  アメリカ
         ↗  ↑  ↘
        ╱   │配置 ╲
       ╱    ↓      ╲
   企　業 ← 社　員 → 人
       ╲   日本     ╱
        ╲   ↑      ╱
         ╲  │異動 ╱
         ↘  ↓  ↙
          職　種  西欧
```

(1) 日本的雇用慣行――社員成長処遇システム

①　企業と人との結びつき――いろいろのパターン

　すでに「第4章の2―(2)」でも述べたように，企業と人との結びつき（雇用態様）には，原則的に3つのパターンがある。職務基準，職種基準，そして社員基準である。どちらかというと，アメリカは職務基準であり，西欧は職種基準であり，そして日本は社員基準が基調となっている。今後，これら3つのパターンがわが国でも適切に選択され，雇用態様の多様化が図られていかざるをえまい。

　㋑　職務基準人事をとった場合にふさわしい雇用態様

　企業は職務分析，職務標準化，職務評価を行い，仕事をきちんと決めたうえで，その仕事に人をつける形で人を採用する。つまり，企業と人とは，「職務」を媒体として結びつく。企業意識よりも職務意識が大切である。処遇は職務等級制，賃金は職務給となる。職務をみつめた職務訓練が中心となり，その職務基準の達成度が評価される。

つまり，人事考課は成績評価（パフォーマンス・レビュー）が軸となる。採用，育成，評価，そして処遇のすべてが職務を基準として行われる。

職務給だから職務が上がれば賃金は上がり，職務が下がれば賃金は下がる。そして職務が変わらなければ賃金はずっと同じである。いつでもどこでも賃金と職務はピッタリ一致している。高齢化だといって人件費が高まることはない。協調性や積極性はいささか低いが，責任性はきわめて高い。

アメリカの人事・賃金はこのような職務基準の考え方が基調をなしている。いわばアメリカ的合理主義とでもいえるのがこの職務基準雇用態様である。

今後，わが国においてもこのような"仕事に人をつける"といった職務基準労働も漸次重要となろう。すなわち，パートタイム労働とかアルバイトなどがこれにあたり，この場合は，職務基準の人事・賃金がふさわしい。

```
パートタイム労働  ┐                      ┌ 職務等級制
             ├ 職務基準人事・賃金 ─┼ 職務給
アルバイト     ┘                      ├ 職務訓練
                                    └ 成績評価
```

責任性と「時間当たり生産性」の意識が高く，しかも雇用調整機能の高いパートタイム労働とかアルバイトを，公正な時間当たり賃金など労働条件で積極的に活用することは，これからの人材政策にとって重要であろう。この際，賃金表，昇給制度，ベア，賞与などの基準を明確にすることが要件となることはいうまでもない。

　㋺　職種基準人事をとった場合にふさわしい雇用態様

西欧では一般的にいって労働者は，自らの職種分野を決め，修得，習熟に努める。企業は，その職種についての職能を求めて雇用する。労働者も自らの職種を指定して，企業と中期的・短期的に結びつ

く。そこには，社会的な職種別の労働市場，労働組合が形成されている。以上を通して，企業と人の結びつきは"職種"が媒体となる。

したがって労働者は職種意識がきわめて高く，企業も従業員に対し企業意識よりも職種意識を重視する。社会的な職種別労働市場，労働組合組織が歴史的，伝統的に形成され確立されている西欧では，企業と人の結びつきは，この職種基準の雇用態様が基調をなす。

処遇は職種別熟練度別等級制をベースとし，賃金はそれを基準とする職種給ということになる。当然，職種教育が中心をなし，どのような業績を上げたかといった形の業績評価が人事考課の軸となる。

技術が高度化し，求められる知識・技術・技能の企業のワクを超えての普遍化，共通化が進み，専門的職種が増え，その社会化が進展するこれからにあって，このような職種基準の雇用態様は漸次増大していくこととなろう。企業の中で金と時間をかけて育成するよりも，このあり方が企業にとっても手っ取り早く直ちに経営力の強化に役立つ。

そして専門的職種は，職種をみつめた職種基準人事・賃金がよくにあう。

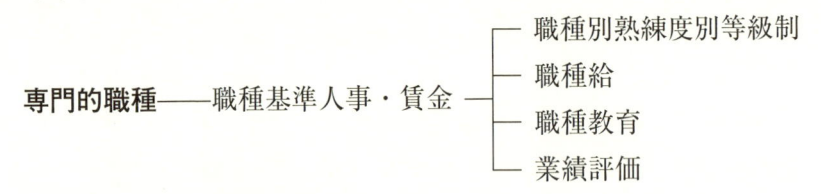

専門的職種——職種基準人事・賃金 ─┬─ 職種別熟練度別等級制
　　　　　　　　　　　　　　　　　　├─ 職種給
　　　　　　　　　　　　　　　　　　├─ 職種教育
　　　　　　　　　　　　　　　　　　└─ 業績評価

② **日本は"社員基準"人事**

さて，日本の通常の場合，以上の2つのパターンとはかなり趣が異なる。企業と人とがダイレクトに"社員"として結びつく。社員として採用後，幅広い社員教育や旺盛なキャリア開発を進め，生涯ベースで社員としての成長を進め，そしてその社員としての成長に応じて社内でのステイタスと賃金を上げる。いわば，社員成長処遇システムである。これがいわゆる日本的雇用慣行といわれるものの

本質である。終身雇用，年功賃金はその結果として生まれたものにすぎない。

　　日本的雇用慣行＝社員成長処遇システム

　職務や職種は社内での配置，異動，職種転換の問題であって，社員にとっての本籍地は会社（どこそこの企業に勤めているということ）である。したがって前２者に比べると企業意識が最も高い。以上からして，処遇は社員としての成長の度合い，つまり社員資格制度（年功資格制度または職能資格制度）が基準となり，賃金はそれによる社員給（年功給または職能給）ということになる。そして人事考課は成績評価のみでなく，能力評価やさらにはアセスメント（人材評価制度）までが重要な意義をもつ。

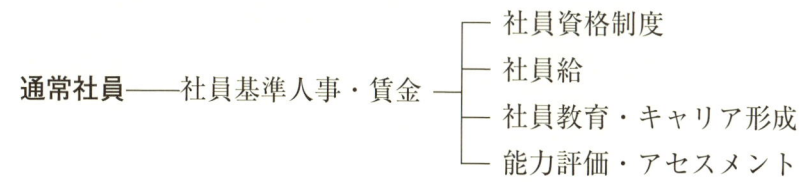

通常社員──社員基準人事・賃金 ─┬─ 社員資格制度
　　　　　　　　　　　　　　　　　├─ 社員給
　　　　　　　　　　　　　　　　　├─ 社員教育・キャリア形成
　　　　　　　　　　　　　　　　　└─ 能力評価・アセスメント

　社員として定期採用を行い，いろいろなことを経験させ，視野の広い企業意識をもった人材として育て，積極的に業務をクリエイトさせていこうというのであれば，日本的慣行としての"社員基準"人事・賃金がまさにふさわしい。

(2) 日本的雇用慣行のメリットは活かし，デメリットは排除

① 日本的雇用慣行のメリットとデメリット

　以上のように，いわゆる日本的雇用慣行といわれるものは欧米と違った特質をもっている。そしてそれは優れた面を多分にもっているが，同時にマイナスの側面をもあわせもっている。すなわちメリットとデメリットをもっているわけだが，それを正しく理解することが，これからの人事を考えるうえで大切であるといえる。

7—1表　日本的雇用慣行（社員成長処遇システム）のメリットとデメリット

メリット	デメリット
① 組織のフレキシビリティ ② 人が仕事を創る 　（クリエイティブな経営） ③ 人材の育成・活用 ④ 一体感 ⑤ 労使関係の安定	① 個の埋没 ② 等質一律管理 ③ 属性主義 ④ 基準の不明確性

　それは7—1表に示すごとくである。まず長所の側面だが，職種転換を含む多角的な異動が容易であるため変革に対応しやすく，組織はソフトでありフレキシビリティに富む。また，人が仕事を創るという人間基準であるため，経営はクリエイティブでもある。さらに，社員の成長の側にスタンスを置く仕組みであるため，人材の育成が豊かで，社内の一体感が強く，労使関係は安定的である。

　一方マイナスの側面では，社員は会社が第1で労働と生活の区別がつかなくなり，社会や家庭の成熟がおきざりとなり，個人が企業の中で埋没してしまう。

　社員は皆同じといった集団等質一律管理が基本となり，処遇基準も不明確で，一人ひとりの意思や適性をみつめるといった個の尊重が薄弱となる。そして，職種や熟練度や職務といったものが処遇基準となりえないことを受けて，学歴とか性別とか勤続といった属性的な（努力しても覆すことができない）年功基準が処遇尺度となるおそれを持つ。

　以上は要するに，日本的雇用慣行は人間基準である点では優れているが，真の意味での人間（個）の尊重には欠けている点で大きな問題をもつ。

第7章 能力主義人事の進め方

② メリットは活かし，デメリットは排除する

　今後ますます経営はソフトな組織，クリエイティブな職場，人材の育成と確保，そして労使協力による生産性向上が求められるだけに，日本的雇用慣行は貴重であり，堅持されるべきであろう。幸い，労使双方とも日本的雇用慣行は堅持するとしている。しかし大切なことは，その内面的なデメリットは排除していくべきだという点である。すなわち，労働と人間生活の分離と相互確立，年功基準の排除，基準の明確化，正規・非正規社員の差別排除そして何よりも個の尊重こそが最大の課題となる。これらをクリアしてこそ，日本的雇用慣行としての社員成長処遇システムは，労使双方にとってより有効かつ活力あるものとなろう。

③ 雇用形態の多様化も大切

　日本的雇用慣行としての社員基準人事を中心に据えるとしても，今後は積極的にパートタイム労働，アルバイトなど職務基準労働や，社会的専門的職種など職種基準労働も取り入れていくことが大切であろう。つまり雇用形態の多様化である。

　パートタイム労働など職務基準労働は，先述のように職務意識や雇用調整機能で優れている。一方，国際化，多角化，情報化を強力に進めるには，すべての職種を社内で育成していくのでは間に合わない。スカウト，社内外の公募，期間契約，派遣社員などで職種基準人材を導入していくことも必要で，全社員の10％ぐらいはほしい。ただしこの場合，正規・非正規の処遇格差は断じて排除していくべきである。

　いずれにせよ，一人ひとりが異質異能であることの認識に立って個をみつめ，基準を明確にし，意思と適性にしたがって，能力を最大限に開発し活用するといった能力主義の整備こそが，これからの課題となる。

2 職能資格制度を軸としたトータルシステム

(1) 社員としての「成長期待像」が基準

　能力主義において大切なのは，能力とは何かをまずもって明示することである。能力とは何かがはっきりしていないのでは，能力の評価も能力の開発も進めようがない。さてそこでその能力だが，社員主義としてのそれは，社員として期待し求められる職務遂行能力つまり職能にほかならない。

　　　　能力主義の基準……期待し求められる職能像（つまり企業の期待職能像）

　さらには，その職能のほかに適性，社会性，人間性，気力などをも含めたところの期待される人材像ということにもなる。つまり期待人材像でもある。

　この期待する職能・人材像を軸として，7─2図のように評価，育成，処遇が連動して行われる。つまりトータルシステムである。能力主義人事は，企業の期待像を軸として評価，育成，処遇が連動していてこそ，納得性も効率性もある。期待像に照らして評価が行われ，その結果をフィードバックし，期待像に向かって育成がなされ，その結果を受けて期待像のレベルに応じて処遇（肩書や賃金の決定）が行われる。

　つまり，いわば日本的能力主義人事の展開は，期待像の設定と明示こそがまず出発点となる。

　さてそこでその期待像だが，それは具体的には3つの形で設定され，全社員一人ひとりに示される。すなわち，等級基準，職務基準，そして職群基準である。

7―2図　期待像を軸とした能力主義人事（トータルシステム）

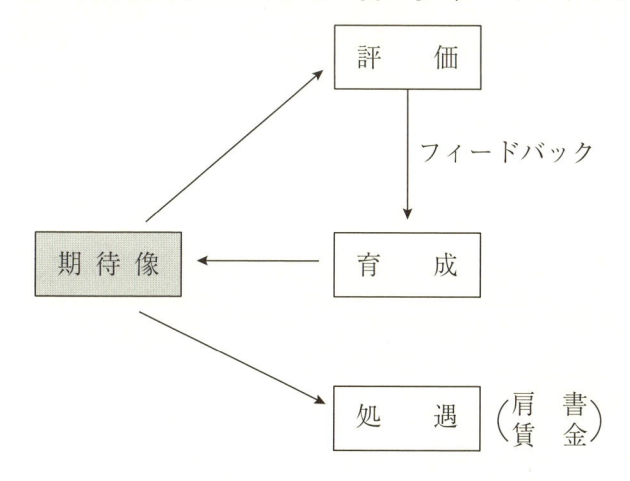

```
                  ┌─────────┐
              ┌──→│ 評   価 │
              │   └────┬────┘
              │        │ フィードバック
              │        ↓
        ┌─────┴───┐  ┌─────────┐
        │ 期 待 像│←─│ 育   成 │
        └─────┬───┘  └─────────┘
              │
              ↓
          ┌─────────┐ ┌肩　書┐
          │ 処   遇 │ │賃　金│
          └─────────┘ └──────┘
```

・3つの期待像 ─┬─ 等級基準…職種別、等級別の期待職能像（職能資格制度）
　　　　　　　├─ 職務基準…6カ月ごとの個人別の期待像（目標面接）
　　　　　　　└─ 職群基準…職群別の期待人材像（複線型人事）

　相互に関連し合っており相互独立的ではないが、それぞれが大切な性格と機能をもっており、いずれが欠けても人材の評価、育成、処遇はあいまいなものとなる。まずこの3つを、各企業の実情に応じて把握設定し明示することが大切である。

① **等級基準**

　企業の期待する職能像は、職種によって当然異なる。また同じ職種でも能力の発展段階（いわば成長のステップ）によっても違う。そこで、期待職能像は、職種別、等級別の枡目状に分類して設定され示されることになる。例えば、営業4級の社員にはこのような職能、総務2級の社員はこんな程度の職能が期待される、といった形である。すなわちそれが職種別等級別職能要件であり、いわゆるそれが等級基準ということになる。

　・等級基準…「職種別等級別職能要件」

そしてこの等級基準は，職能資格制度のフレームの中に位置づけられる。職能資格制度における職能等級は，いわば，企業の期待する職能像の職種別，等級別の明細分類としての意義をもつ。職能資格制度は単なる身分資格ではない。だから具体的な等級基準がなければ，職能資格制度はその機能つまり評価，育成，処遇の基準としての役割を十分に果たすことは難しい。

ところでその等級基準つまり職種別等級別職能要件は，おおむね，「習熟要件」と「修得要件」の2つからなる。

・等級基準 ─┬─ 習熟要件（仕事を覚える）
　　　　　　└─ 修得要件（勉強をする）

習熟要件はどのような仕事をマスターすればよいかであり，修得要件はどんな勉強をすればよいかである。したがって，習熟要件は具体的にどんな課業をどれくらいできればよいかという形で設定され，修得要件は，実際に勉強してもらいたいところの本，通信講座，研修，資格免許，試験などが示される。

社員は，これらにチャレンジし，身につけば上位等級へと昇格していく。等級基準は，能力開発の詳細なプログラムとしての意味をもつ。

② **職務基準**

ところで前記の等級基準（職種別等級別職能要件）は，あくまで原則的標準的期待像であって，例えば営業4級の人が誰でも皆，そこに示されている仕事のすべて，勉強のすべてを同じく，いますぐ期待されるわけではない。同じ営業といっても部署によって仕事の内容はかなり違うし，また同じ4級といっても，入社以来営業畑でやってきた者もいれば，また長い間人事部にいて人事4級となり，つい最近営業に異動してきたばかりの者もいよう。一人ひとり，やる仕事も勉強内容も異ならざるをえない。

いわば等級基準はレストランのメニューみたいなもので，メ

ニュー記載の料理を一度にすべて食べる人はいない。ボーイさんと客とが話し合い今宵食べる料理を決める。そこで初めて料理は調理され運ばれてくる。これと同様に，上司と部下とが期の初めに<u>目標面接</u>を通して，おすすめとチャレンジの中でよく話し合い，向こう6カ月間の業務目標と能力開発目標を決め確認しあう。それがいわば職務基準である。

$$\cdot 職務基準 — \begin{pmatrix} 向こう6カ月間の \\ 個人別の期待像 \end{pmatrix} \begin{array}{l} — 業務目標 \\ — 能力開発目標 \end{array}$$

メニューがなければ料理は選べない。しかしメニューをただ置いていては何の役にも立たない。同様に，等級基準だけではいかにそれが精密につくられていても現実の評価，育成の基準とはなりえない。等級基準を土台にして，上司と部下とが目標面接を通じ，その時，その所，その人に最もふさわしい職務基準を設定してこそ，企業の期待像は身近なものとなり，現場での評価，育成の有効な基準となりえる。

③ 職群基準

各人の職能を活かす方向として，意思と適性に応じておおむね3つの進路つまり職群が考えられる。

$$\cdot 3つの人材活用進路 \begin{array}{l} — 管理職群（マネジメントマネジャー：M） \\ — 専門職群（スペシャリストマネジャー：S） \\ — 専任職群（エキスパートマネジャー：E） \end{array}$$

いずれの職群を進路とするかによって，期待される人材像はおのずから異なる。

　　職群基準——進路（職群）別の期待像

どのような適性が求められるのか，どのような知識・技術の修得が必要なのか，そしてどのようなキャリア形成が望まれるのか，といったことが職群基準にほかならない。

(2) 職務調査と目標面接が鍵

　能力主義の基準となる等級基準は以上のように職能資格制度の中にセットされるが，それは"職務調査"という作業を通じて行われる。

　　・職務調査→等級基準の把握・明示

　職務調査はトップを含めて全員総がかりで行われる。つまり企業の期待像はみんなでつくるものということになる。職務調査とは企業の期待する職能像の把握ということであって，能力主義人事構築の出発点となる。職務調査なくして能力主義人事の運用はありえない。

　ちなみに職務調査に対して職務分析というのがある。両者はまったく異なる。能力主義人事つまり職能資格制度を導入しようとすれば職務調査が必要であり，職務基準人事つまり職務等級制を入れようとすると職務分析が必要となる。職務分析は，職務の内容をきちんと決め，その難易度を評価し，賃金を決めようとするもので，期待する職能像の把握ではない。

　日本的能力主義人事においては，仕事の内容はあらかじめ決めておかず，そのつど，現場において上司と部下との間の目標面接を通じて，最適な形で柔軟に編成・設定されていく。仕事に人をつけるというのでなく，人が仕事をクリエイトしていくという形である。

　　　┌ 仕事に人をつける…職務分析
　　　└ 人が仕事を創る…「目標面接」←職務調査

　日本的雇用慣行のもつ柔軟性と創造性はむしろ今後いっそう重要となるのであって，そのメリットを損うような人事システムをとることは決して得策ではあるまい。

7−3図　期待像と評価システム

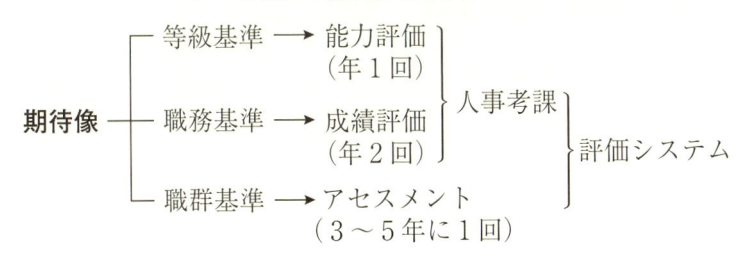

```
                ┌ 等級基準 → 能力評価
                │           （年1回）    ┐
                │                       ├ 人事考課 ┐
期待像 ─────────┼ 職務基準 → 成績評価    │          │
                │           （年2回）    ┘          ├ 評価システム
                │                                   │
                └ 職群基準 → アセスメント            ┘
                            （3〜5年に1回）
```

(3) 期待像を軸にした評価・育成

　評価しなければ育成はできない。また，育成しなければ評価だけでは何の役にも立たない。評価と育成は相互に循環し合う。ところで育成のための評価は，社員の相互比較（相対評価）では有効でない。基準にてらしての絶対評価でなければならない。つまりこれからの評価システムは一定の基準にてらしての絶対評価であることが要件となる。

　その基準は前述の期待する職能像ないし人材像にほかならない。**7−3図**でみるように，職務基準の遂行度評価という形で6カ月ごとに成績評価が行われ，それを材料（観察資料つまりカルテ）として年1回，能力の精密診断すなわち能力評価が行われる。いずれも当人にフィードバックされ，ＯＪＴや研修や自己啓発に結びつけられる。

　一方，職群基準（職群別の人材要件）にてらして，3〜5年に1回の間隔でアセスメント（多面的，総合的，動態的，人材評価制度）が実施され，今後のキャリア形成に結びつけられていく。人事考課とアセスメントをもって評価システムは構成されることになるが，半年ベース，1年ベース，3〜5年ベースの評価・育成の体系的かみ合わせこそが人材の成長と公正処遇を確実なものにしよう。

(4) 個別管理と多元管理が能力主義

　年功人事は，社員は皆同じという認識での集団主義であり，したがって等質一律管理となっていた。しかしそれでは構造変革，高齢化，男女平等化といった新しい時代環境には対応できまい。一人ひとり皆違うといった認識こそが，これからの人事にとって必要であろう。そこで，職能資格制度，職能給といった能力主義人事の共通処遇軸を十分に整備確立したうえで，個別管理，多元管理を展開していくことがぜひとも要件となる。目標面接つまり現場個別管理を通じて個の最大活用が可能となり，アセスメントおよび職群管理を通して，意思と適性に応じた人材の活用が可能となる。

　人事部門は，長期的展望と広い視野をもって，企業の期待する職能像と人材像をダイナミックに把握し，会社内にたえずキメ細かく明示していくことがいっそう求められてくる。

3　職能資格制度の考え方

(1)　職能資格制度の意義

　職能資格制度とは，社員の成長の度合いに応じたグレード（等級）であり，と同時にそれは裏を返せば，"企業が期待する社員の成長の段階別職能像"であるということにもなる。

　職能資格制度は，学歴や性別や勤続など年功基準が入り込む余地はまったくないし，また単なる身分資格制度でもない。あくまで社員の成長の度合いに応じた期待職能像である。したがって，これが社員ないし人材の評価，育成の基準となり，あわせて処遇の基準ともなる。

人事管理の3大イベントは，評価，育成，処遇の3つだが，これらはいずれも企業の期待像を軸として連動し，継続的に行われる。職能資格制度はその期待像そのものにほかならない。職能資格等級別の期待像，つまり等級基準（職種別等級別職能要件）をできるだけ具体化し，これを軸として，評価，育成を積極的に継続してこそ職能資格制度の積極的意義がある。

　職能資格制度を導入して昇格，昇進，昇給を抑制しようとする意図があるなら，職能資格制度は邪道となる。各等級の等級基準を各人が満たすことをチャレンジさせ，全力を傾けて上司も人事部も応援し，キャリア形成（仕事や能力を高め広げ続ける）を促進する。誰でも努力すれば天（最上位等級）に至る道は開けているというのが職能資格制度である。職能資格制度は，まさに社員成長処遇システムなのである。そしてそこには，いくども強調するように，学歴，性別，勤続などはいっさい入り込まない。等級基準にてらして能力の絶対的高さを評価，分析（絶対考課）し，その結果を当人にフィードバックし，等級基準に向けて育成を強力に推進していく。職能資格制度の意義を真に活かしていくには，人事考課を育成型の絶対考課に切り替えていくことも要件となる。

　日本的雇用慣行の特質を活かす能力主義人事には職能資格制度がよくにあう。

(2) 職能資格制度のフレーム——設定上のポイント

　職能資格制度のフレームの1つのモデルを示したのが**7—4図**である。これに基づいて，フレーム設定上の留意点を重点的に述べてみよう。

① 等級の数をどうする

　職能等級の数をいくつにするかは，運用上の成否の1つの鍵を握るだけに慎重であることが望まれる。多すぎては等級基準の設定が

7-4図　職能資格制度のフレーム（ひとつのモデル）

等級	級	定義	経験年数	昇格基準	初任格付	対応職位
管理・専門職能	M-9級	統率・開発業務		(実績)	—	部長
	8	上級管理・企画業務	⑥	↓登用試験	—	次長
	7	管理・企画業務	⑤		—	課長
中間指導職能	S-6級	企画・監督業務	3〜⑤	(能力)	—	係長
	5	判断指導業務	3〜④〜10		—	班長・主任
	4	判断業務	2〜③〜8	↓昇任試験	—	上級係員
一般職能	J-3級	判断定型業務	2〜③〜5	(勤続)	大卒	中級係員
	2	熟練定型業務	2		短大卒	一般係員
	1	定型・補助業務	2		高卒	初級係員

（注）経験年数欄の○は標準（理論モデル）年数をあらわす。

難しく，昇格が年功的に流れるおそれがあり，少なすぎては1つの等級での滞留年数が長くなり，刺激性が乏しくなる。等級数を適切にすることが大切である。

判断の基準を一般的に示すと，次のようになる。

5,000人以上	12〜13等級	
1,000〜5,000人	10〜11	高齢化が進んでいる企業の場合は
100〜1,000人	9	あと1等級増やす
100人以下	8	

すなわち等級の数は，企業規模と従業員の高齢化の度合いによっておおむね決まる。**7―4図**は，100〜1,000人規模の中堅企業のモデルだといってよい。もし，1,000人以上の大企業で平均年齢が35歳以上の場合は，11ないし12等級がふさわしい。

自社の現在の等級数が少ない場合は，ある等級と等級の間に，1つの等級を中2階の形で挿入し増やしていけばよい。3等級以上増やす場合は，まったく設定し直す方がうまくいく。

② 対応職位は下限でセットする

資格等級と役職位との関連をどうするかだが，原則的には，役職位は等級の下限でセットするようにする。下限でセットするというのは，例えば**7―4図**において課長は6級以下からはなれない。7級以上（7級，8級，9級）の者から選ばれる，という形である。課長にならなければ7級に昇格できない，課長になったら7級になるというのは職階制（ビューロクラシー）であって職能資格制度ではない。職能資格制度では能力の向上があれば，役職に関係なく7級に昇格し，昇格したからといって課長に昇進するとは限らない。役職昇進はあくまで配置の問題であって，組織の都合によるところが大きく，極端にいえば**7―4図**で7級，8級の者が係長につくこともありえる。その場合，もちろん，賃金は7級，8級の賃金が支払われる。

なお，例えば6級以下の者からどうしても課長につけねばならない社内事情がある時は，課長補（いわば課長見習）として課長の任につけ，その後当人が7級に昇格した段階であらためて課長辞令を出すようにすればよい。

高齢化が進む中で，資格等級と役職位がタイトに結びついた職階制では，処遇の安定性と，人材活用の機動性を両立させることはできない。職能資格制度を入れ，昇格と昇進を分離させることが肝要である。

③ 昇格年数の表示の仕方

職能資格制度は能力基準だから，その運用において勤続年数は関係ない。しかし経験年数は，修得と習熟の両面からして十分に意味をもつ。そこで，昇格基準の1つの要件に，一定の経験年数をセットしておくことはやはり望ましい。

〔自動昇格年数と最短必要年数は表示〕

さて，そのセットの仕方だが，まず自動年数と最短年数の2つは，ぜひはっきり明示しておきたい。

まず自動年数だが，7―4図の1級と2級に限ってぜひとも明示しておく。それぞれ2年としておけば，高卒も4年後には誰でも3級に到達できる。教育訓練さえしっかりしておれば，この職能層では個人差がほとんど生じる余地はない。22歳の時，大卒も高卒も，総合職も一般職も，3級1号にともにあることが望ましい。そうすることによって学歴別管理や，男女別管理をまったく排除することができる。

また，3級から6級までは，最短必要年数を明示しておきたい。少なくともそれだけの経験を積むことが望まれるし，能力を評価するにも少なくとも2～3年はかかる。さらに，配置転換（キャリア開発）をスムーズにするためにも，最短必要年数のルールは必要である。異なった分野に異動したのちは，1年ないし1.5年間は能力

評価は猶予期間とせざるをえず，異動が本人にとって不利益を与えるようなことは避けなければならぬからである。

〔最長自動昇格年数と標準（理論モデル）年数は表示しない〕

最長自動昇格年数というのは，例えば7―4図で4級に8年間も滞留した人が生じた場合，なんとしても昇格できる方策を人事担当部門で考え決心し，実現させる年数という意味で，いわば強い心構えとしてのものであり，規定に表示するようなものではない。

一方，標準年数つまり理論モデル年数は，職能資格等級や賃金表をつくる時の足場となるものであるから，設定作業の段階では不可欠であるが，平均年数とか，並数年数ではないということをはっきりしておくことが大切である。

(3) 導入上の留意点

① 職能資格制度の意義と理解を高めること

職能資格制度は，単なる身分年功的な資格ではない。学歴とか性別とか年功にこだわらない能力主義人事の基準であること，等級基準（職能要件）にチャレンジし，それを満たせば誰でも役職に関係なく，上位等級にどこまでも昇格できるものであること，昇格や昇給を抑制し選別するための後ろ向きのものではなく，キャリア形成を促進し，生涯労働を充足させる前向きのものであることを，社内全体によく理解させることがまず何よりも肝要である。あらゆる手段を通して社内の正しい理解を高めて，職能資格制度を導入するようにしたい。およそ制度というものは，理念，運用，意識のすべてが整っていてこそうまく作動するものであることを見失ってはなるまい。

② 移行時は現状を尊重し常識的に

能力に応じた職能資格制度だからといって，移行時から直ちに能力で資格や賃金を決めることはできない。従来の相対考課的な能力

評価は使えないし,また移行時に直ちに能力評価を実施することも難しい。今後,この職能資格制度に準じて評価,育成が進められ,それを受けて漸次時間をかけて公正な処遇序列が形成されていくことになる。

したがって,移行時はこれまでの秩序,つまり現状をできるだけ尊重して格付けし,賃金も原則としていまのままという形が望ましい。例えば,能力のいかんにかかわらず,従来の社内序列(勤続年数や仕事や資格など)全体のバランスからして,5級が1番近い等級とみられるなら,とにかく5級に格付けする。そして導入後,5級の等級基準にてらして評価,育成を進め,もし5級の等級基準を満たしえているなら6級に昇格させ,不十分なら5級に留め,評価,育成を続ける。新しい制度というものは,何よりも納得性が大切であり,移行は安定的であるということが肝要である。

③ **職務調査は導入後でもよい**——しかし必ず実施すること

以上のように,職能資格制度導入の際の各人の格付けは現状尊重であって,したがって職能資格等級はその概括的な定義があればそれで事足りる。なにも具体的な等級基準(職種別,等級別の職能要件)の明細がなくてもよい。したがって,等級基準を具体的に把握し明示する職務調査は,導入時に必ずやっておかなければならないというわけではない。むしろ職務調査は,職能資格制度が導入され,そのフレームの概要が全社的にある程度理解され,浸透されているほうがはるかに実施しやすい。課業を洗い出し,それぞれの課業を完全にこなすことができるのは何等級に期待するか,といった形での課業評価が必要だからである。

筋からいえば職務調査を実施し,職能資格制度を導入させるという手順が正しいが,むしろ現実性からいえば,職能資格制度を導入し,次いでできるだけ早い機会に職務調査を実施する,といった手順が便宜的でさえある。

(4) 「職種」と職能資格制度

① できるだけ全社共通の１本

今後ますます企業内の職種は多様化していくこととなる。そこで，職種特性を活かすために職能資格制度も職種別に設定してはどうか，という声も聞かれるが，やはり，職能資格制度は１つの企業での基本をなす処遇軸であるのだから，全社１つの共通のものとして設定することが望ましい。企業の内部は１つだし，連帯感も必要。１つであれば職種転換も容易であり運用管理もやりやすい。

② 職能要件や昇格基準は職種ごとに設定し，職種特性を活かす

職能資格制度は１つでも，等級基準つまり評価，育成，処遇の基準となる等級別の職能要件は，きちんと職種別に具体的に設定しておく必要があることはいうまでもない。でなければ，職種特性を活かすことはとうていできない。職種によって，期待し求める職能像や人材像は異なるのであり，したがって昇格基準なども職種によって変化することもあってよい。等級基準を職種別に設定しさえすれば，職能資格制度は１つでよい。

③ 賃金表もできるだけ１枚としたい

賃金表も，できるだけ全社１枚であることが適切である。同一等級同一賃金が職能給の原則だからである。ただし，賃金の決定基準は生計費や生産性のほかに，労働市場での需給関係がある。職種によっては労働市場の需給関係をベースとする社会的賃金水準，いわば世間相場が明確かつ独特なものがあり，それを無視しては人材の獲得も定着も難しいものもある。そこで，これら社会的職種については，基本給のほかに手当（特殊職種手当）を付加することはやむをえないし適切でもある。基本給は，できるだけ全社共通１枚とし，手当で職種の賃金特性を活かすようにしたい。

④ 職種別に職能資格制度を分離し，別建てとすることもありえる

できるだけ全社共通1本建てとすることが望ましいが，しかし採用も訓練も配置も昇格も昇進も，まったく職種別に行われ，職種間に異動転換がない場合，職種特性を活かすべく，職能資格制度を別建てとすることはもちろんありえる。例えば病院，ホテル，学校，運輸，マスコミ，建設など，多様な独立した職種から構成される業種にあっては，複数の職能資格制度を適切とすることも十分考えられる。

　⑤　**職群制の導入はぜひとも必要**

　能力主義は，個の特性を活かすことが要件となる。企業が求める人材は多様化し，一方，各人の労働観も多様化する。そこで意思に応じた育成，適性に応じた人材の活用がこれから強化されていく要請が高まっていくが，そこで，総合職，一般職，専能職といった育成コースや，管理職，専門職，専任職といった活用コースなどの職群編成が求められてくる。すなわち，<u>複線型昇進制度</u>である。

　職能資格制度に，これらの職群を適切に対応させていくことがぜひとも大切である。

4　昇格（処遇）と昇進（人材活用）の分離

(1)　職能資格制度と「職務・職位」

　職能資格制度は仕事のグレードではない。つまり，職能資格制度は職務等級制ではない。能力（職務遂行能力）の成長段階としてのグレードである。したがって，例えば4級の者が4級の仕事をするとは限らない。4級以上の仕事（チャレンジ）もするし，4級相当の仕事もするし，さらには4級以下の仕事もする。その時の置かれている組織や当人の状況に応じて，最適な形で職務が編成され，業

7—5図　等級基準（職種別等級別の習熟要件）は仕事（課業）で表示される

営　業：4　級	
習　熟　要　件	修　得　要　件
どのような仕事をどれくらいこなすことが期待されるかの明細	どのような勉強をすることが期待されるかの明細

務目標や能力開発目標が目標面接を通じて設定される。それがいわゆる職務基準，つまりそのつどの個人別の期待像である。職務等級制の場合は，4級の者は4級相当の仕事しかしないが，職能資格制度においては，資格等級と職務・職位とはきわめて柔軟かつ弾力的に対応する。

① 資格と課業

7—5図でみるように，職能資格の等級基準（習熟要件）は課業（仕事）で表示される。等級基準をできるだけ具体化するためである。しかし実際には，そのつどの各人の職務の編成は，例えば営業4級の者であっても，営業4級の等級基準のワクにこだわりもしないししばられもしない。むしろ，チャレンジ3割，レベル4割，そしてアンダー3割の課業をもって職務は編成される。このことによって，人材をダイナミックに育成し，活用することができる。

4級の仕事をするから4級につけるのではない。能力があれば4級とし，その能力を活かす形で仕事は編成される。4級以上の仕事をすることもあれば4級以下の仕事をすることもある。仕事に人をつけるのでなく，人が仕事を創るのである。

② 資格と職位

職能資格制度においては，資格に対して役職位は下限でセットされる。7—6図で示すとおりである。すなわち，課長という職位はM—7級にセットされているが，これは課長の職につくには，少な

7―6図 職能資格と役職位（下限でセットされる）

職　能　資　格	役　職　位
M―9	部　　長
8	
7　　　　　→	課　長
	×
S―6　　　　　↑	
5	

（昇格　←　／　昇進　←）

くとも7級以上の能力が必要であることを意味している。したがって6級以下からは，課長の部分的業務は分担するとしても課長職位につくことはできない。そして課長は，7級，8級，9級の資格者から選ばれる。

　課長にならなければ7級にはなれない，課長になれば7級，そして7級はすべて課長というのであればそれは職階制（職位階級制）である。職能資格制は職階制ではない。職階制はビューロクラシー（官僚機構制）であって，組織の活力を存分に引き出すことはできない。

(2) 「処遇」は安定的，「人材活用」は機動的

　以上のように，職務や職位があって資格への格付けがあるのではない。能力に沿って，まず資格への格付けつまり肩書や賃金があり，そのあとで職務や職位，つまり人材活用があるのである。

① 昇格（処遇）と昇進（配置）

　能力が高まり資格が1つ上にあがるのが昇格であり，任ずるという形で辞令が出される。昇格によって肩書（社内におけるステイタス）は上がり賃金も上がるのであるから，昇格辞令はたいへんめでたい辞令である。できるだけトップが握手して祝福し，自ら手渡す

ようにしたい。社内報にも大きく載せるようにする。昇格辞令は社内における最も基幹的辞令である。

一方，7─6図において，右側の役職位が高まるのが昇進であり，これは配置の問題であるから，命ずるという形で辞令が出される。いわば，マウンドに上がる時の監督の投手交代指令と同じであるから，これはきわめて厳しい辞令ということになる。厳しい姿勢で直属の上司（いわば現場の監督）が手渡せばよい。社内報に載せる必要はない。ただし組織図には載せておく。昇進したからといって肩書が上がるわけではないし，賃金も上がりはしない。それに球威が衰えたなら，直ちに降板（降職）しなければならぬ。昇格は処遇上の重要なイベントだが，昇進は厳しい配置の問題であり，その時々の状況によって変化するものである。

② 処遇と配置（人材活用）の分離

以上のように，昇格は処遇の問題であり，昇進は配置の問題であって，両者の性格は異なる。相互関係はどうかというと，次のように示すことができる。

・昇　進＝昇　　　格＋「適性＋定員」
　　　　　（本人の努力）（会社の都合）

すなわち，昇格しても昇進するとは限らない。7─6図でいえば，7級にならなければ課長になることはできないが，7級になったからといって課長になるとは限らない。上式のように，適性と定員が待ち受けている。当該ポストにふさわしい能力や特質を持ち合わせていなければならないし，また欠員がなければならぬ。つまり，昇格は昇進の必要条件だが十分条件ではない。昇格は，自らが努力して能力を高めれば入手できるものだが，昇進はそれに会社（組織）の都合に左右される。会社の都合によって処遇が左右されてはたまらない。

とすると，処遇は昇格で行い，昇進は配置の問題と割り切ること

7―2表　昇格と昇進の運用の違い

昇　　　　格	昇　　　　進
卒　業　方　式	入　学　方　式
降　格　は　な　い	降　職　あ　り
定　員　は　な　い	定　員　あ　り
事　後　評　価 （人　事　考　課）	事　前　評　価 （アセスメント）

が大切である。昇格と昇進を分離する，つまり処遇と配置を分離することによって，処遇は安定的となり，配置つまり人材活用は機動的なものとなりえる。高齢化の中で，昇格と昇進を癒着させている（職務等級制や職階制）と，ポスト不足など処遇は不安定となり，配置つまり人材活用も硬直的となる。

③　昇格と昇進の運用の違い

昇格と昇進は以上の性格からして，その運用はおのずから異なる。7―2表でみるごとくである。

職能資格制度は，例えば3級の能力（等級基準）を満たし終わると4級に昇格し，4級になったあとは，4級の等級基準で評価，育成が行われる。つまり卒業方式で昇格運用が行われる。学校とまったく同様である。卒業したという事実は決して取り消されることはないから，職能資格制度に降格はない。また，卒業したら昇格させねばならないから定員もない。卒業方式だから，4級になって4級の能力があるかどうかを評価すればよい。つまり，事後評価としての人事考課が昇格基準となる。

一方昇進は，能力と適性があることを見届けてからでなければならず，したがって入学方式であり，入学しても適切でなければ退学することもある。つまり降職やローテーションありである。もちろん定員を超えて昇進させることはできず，事前評価としてのアセス

メントが昇進基準となる。
　職群管理は，以上のような昇格と昇進の分離があって初めて可能となる。

第8章

実力主義・加点主義人事の進め方

1 「実力主義と加点主義」は能力主義と成果主義の接点

(1) 「実力主義」の進め方

8－1図をみていただきたい。

その中央の職能資格制度から成果に至る流れが、日本型成果主義人事のロードである。それは同図の下欄でみるように能力主義から始まって実力主義、加点主義をへて成果主義に至る流れとなっている。すなわち、能力に応じて職位（ポスト）が決まるが、そのポストには組織分掌規定によって一定の職務が決まっている。そしてその職務を基幹としながら、各人には実力に応じて職責（職務の広がりと難しさ）が決まる。各人の実力を活用するためである。過去に身につけた能力は、新しい構造変革が進むにつれ役に立たなくなっていく。つまり陳腐化が進む。陳腐化が進めば過去に累積した能力の総和は高くても、現に今、どのような仕事ができるかという実力は低いものにならざるをえない。能力は過去の累積の総和であるが、実力は、今現に何をどれだけできるかである。能力と実力は違う。

つまり実力とは、高成果実現行動力であり、"〜している"と行動力で把握される。

そこで高度化、技術の進歩化が進んでいく中で人材を活用していくには実力（competency）の評価が重要な鍵となる。

実力を評価するには、8－2図でみるように、コンピテンシーモデル（期待する職種別の実力像）を設定することがベースをなす。

コンピテンシーモデルは、クラスター（評価要素）とディクショナリー（要素別行動短文）からなる。

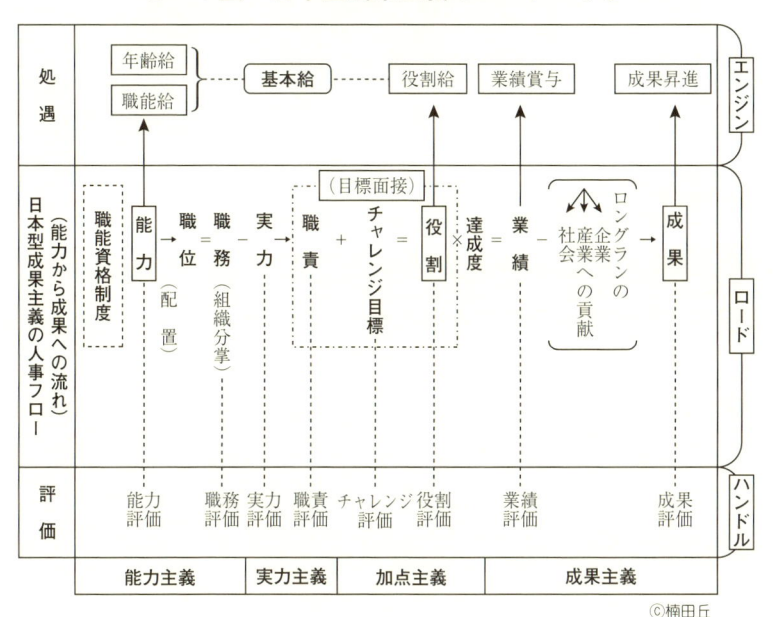

8―1図　日本型成果主義のロードマップ

処遇	年齢給／職能給 → 基本給 --→ 役割給　業績賞与　成果昇進	エンジン
日本型成果主義の人事フロー（能力から成果への流れ）	職能資格制度 → 能力 → 職位（配置）→ 職務（組織分掌）→ 実力 → 職責 ＋ （目標面接）チャレンジ目標 → 達成度 ×÷ 役割 ＝ 業績 － ロングランの企業・産業・社会への貢献 ＝ 成果	ロード
評価	能力評価　職務評価　実力評価　職責評価　チャレンジ評価　役割評価　業績評価　成果評価	ハンドル
	能力主義　　実力主義　　加点主義　　成果主義	

©楠田丘

8―1表　「実力主義」とは

　能力（社員としての蓄積能力）と実力（現に成果をあげえる行動力）とは、高齢化、構造変革が進む今日においては必ずしも一致しない。能力の陳腐化、体力・気力の低下、行動特性の劣化などがあるからである。能力は"〜ができる"だが、実力は"〜している"というように実証的能力（高成果実現行動力＝competency）といえる。
　　能力：〜ができる　competence
　　　〔どんな能力を身につけているか〕
　　実力：〜している　competency
　　　〔高成果実現のためにどんな行動をとっているか（実力）〕
※そこで今後はコンピテンシー評価を取り入れ実力評価、実力育成、実力等級制度の設定を進めていくことが求められる。

8－2図　実力（コンピテンシー）評価の進め方

- **コンピテンシーモデル** ┬ 評価要素(群)…クラスター
  （期待する実力像）　　└ 要素別行動短文(書)…ディクショナリー

- **日本賃金研究センターのコンピテンシーモデル**
  ├ <u>根</u>コンピテンシー（ベーシック～社会人として必要なもの）
  ├ <u>幹</u>コンピテンシー（コア～社員共通に求められるもの）
  └ <u>枝</u>コンピテンシー（ファンクショナル～専門性の高いもの）

　一般的には職種ごとに『25要素×5短文』、つまり約125短文を設定し、そのとおり行動している→「A」、それに近いが十分ではない→「B」、そのような行動はとっていない→「C」と評価し、これを総合化して点数化し、その点数に応じて実力等級（5等級程度）を設定する。

　その実力等級に応じて職責の広さ（横軸が職務の拡がり）と職責のむずかしさ（縦軸が職務の困難度）、つまり職責が決定される。

　職務 ⟶ 「実力」 ⟶ 職責

　職責の広さ狭さによって人材が活用され、組織の運用が確実なものとなる。

(2) 「加点主義人事」の進め方

　加点主義人事とは8－2表でみるとおりである。8－1図でみるように、職責は各人のチャレンジ目標が加わって各人の各期の役割が設定される。

　加点主義人事こそが、社員のヤル気を高め経営を発展させていく最も重要な方策であるといえよう。加点主義人事を構成する5つのシステムは、次のようなものである。

8−2表 「加点主義」とは

　従来、日本の集団主義は個を埋没させる、つまり出る杭は打つ形の減点主義人事であった。しかし今後、組織の活力を高めていくには、個を活かす、つまり出る杭は育てる個尊重主義人事すなわち加点主義人事を進めていくことがぜひとも要件となる。
　チャレンジを高く評価し、個を重んずる加点主義人事を進めるには、次の諸制度の整備が不可欠である。
　(1)　公募制度
　(2)　自己申告制度
　(3)　アセスメント
　(4)　目標面接制度
　(5)　複線型昇進制度

① 公募制度

　例えば、営業部門に欠員が3名生じた。誰か営業に行きたい人は手をあげてという形で、育成も仕事の設定も配転などすべてにわたって各人の意見を聞く仕組みが公募制度である。

② 自己申告制度

　五年間隔で各人の誕生日に、これから先のあり方（職種や地域や企業など）を各自に申告させ、それを基準に人材の育成と活用の方向を定めるあり方である。管理職（MM）になりたいか、専門職（SM）を目指したいか、それとも専任職（EM）に進路をとるかを、本人の意思で決めるあり方である。マネジメントでもスペシャリストでもエキスパートでも同一職能資格なら同一賃金を原則としたい。

③ アセスメント

　アセスメントは多面的・総合的・動態的な評価制度をいう。人事考課とは**8−3表**でみるとおりかなり異なっている。人材を正しく評価しなければ、育成も活用も処遇も正当かつ強力なものとはなりえない。五年間に一回の回数でぜひともアセスメントを実施するよ

8—3表　アセスメント

システム	評価者	対象	期間
人事考課	上司	能力 成績 情意	単年度
アセスメント	部下 同僚 得意先 先輩 （多面的）	意思 適性 キャリア コンピテンシー （総合的）	5年間の分析 （動態的）

うにしたい。

④ 目標面接制度

　成果主義賃金は，役割の大きさとその達成度によって決まってくる。そこで問題は，この役割を決めるための目標面接のあり方である。目標面接によって役割が決まり，その役割の価値で賃金が決まっていく。また，この目標面接を通じて，中高年層の人材活用が図られることになる。したがって，成果主義賃金を入れるためには，目標面接が有効に行われることが最大のカギとなる。

　この目標面接であるが，それは単なるノルマ管理であってはならない。目標管理に類する言葉は2つある。1つはMBOであり，もう1つはCBOである。

　MBO「Management By Objectives」つまり目標による管理は，ドラッカーの提唱したManagement by objectives through out self-controlの流れを汲むものであるが，わが国に導入され，運用されていく中で，through out self-controlという言葉は脱落し，「目標による管理も目標管理」として広がっている。それは単に，上からの目標の押しつけ，そしてその達成という，いわばノルマ管理的な色彩が強い。欧米の場合には仕事に人をつけるのであるから，この

ようなMBOでもよいかもしれない。しかしわが国の場合，すでに述べたように，人が仕事を創るという人間基準の人事・賃金であるから，単なるノルマ管理であっては意味がない。大切なことは上司と部下との目標面接を通じて，本人の意思とチャレンジをできるだけ引き出しながら，役割を設定することである。それがこの目標面接の意義となる。したがって，目標面接は単なるノルマ管理としてのMBOではなく，一人ひとりの自主的目標設定による意欲高揚というねらいをもったものでなければならない。

すなわち<u>CBO</u>である。CBOのCはChallengeでありCreationであり，さらにCourageousである。つまりチャレンジを引き出す目標設定により創造と革新の経営を高めようとする面接制度である。

成果主義賃金が日本の風土の中でうまく機能していくためには，しかもそれが中高年層の人材活用に大きく寄与していくためには，MBOではなくCBOが適切に展開されることが条件となる。あくまでも目標を設定するのは上司ではなく，本人であることが必要となる。それがいわゆるCBOである。

<u>CBOは加点主義人事にそうものでもある</u>。加点主義人事とは，一人ひとりの人間を尊重し，創造と革新の経営を進めようとする人事である。

このような目標面接を通じて設定された役割を確実に正しく評価する，つまり役割評価，さらにはこの役割の達成度を評価する，つまり業績評価がカギとなる。

要は成果主義賃金が確実に成立し，運用されていくためには，目標面接制度（CBO），役割評価制度および業績評価制度の3つが確実に展開されていくことが成否のカギを握るものとなる。今日わが国においては，急激に成果主義賃金をベースとした年俸制が管理職以上に広がりつつあるが，最大の難点は，この目標面接の有効性，役割評価の公正性，および業績評価の客観性が問題となっているこ

8−3図　目標面接制度

(1) 目標面接のしくみ

```
┌─┐ ┌─────────────────────────────────────┐
│１│ │ ① 情報の共有化                      │──┐
│ミ│ │   （環境動向の予測、過去の実績とその要因、今期の│  │
│ー│ │   部門目標・方針、重点計画と実施方法など）│  │
│テ│ │ ② 職責の明示と確認                  │  │
│ィ│ │   （経営目標や部門目標から各人への基本的任務と職│  │
│ン│ │   務分担、部門内の相互協力関係など） │  │（役
│グ│ └─────────────────────────────────────┘  │ 割
└─┘                                              │ の
      （7日～10日の間をおいて）                  │ 確
┌─┐ ┌─────────────────────────────────────┐  │ 立
│２│ │ ③ 具体的行動計画（目標）の設定      │  │）
│個│ │   （ミッションシートによる実行プランの作成）│  │
│別│ │ ④ 具体性、実現可能性、効率性、貢献性の検討│◀─┘
│面│ │   （チャレンジ目標の説明と内容検討） │
│談│ │ ⑤ 目標の設定、確認                  │
│  │ │   （具体的行動計画とチャレンジの合意確認）│
└─┘ └─────────────────────────────────────┘
```

　　（注）役割＝職責＋目標（チャレンジ）

(2) ミッションシート（例示）

今　期　の　期　待　役　割			達成度評価	
職　責	具体的行動計画 （目標、方策、留意点、期限など）	チャレンジ	自己	上司
1.				
2.				
3.				
4.				

（注）6つのチャレンジ──確実、拡大、革新、創造、育成、自己充足

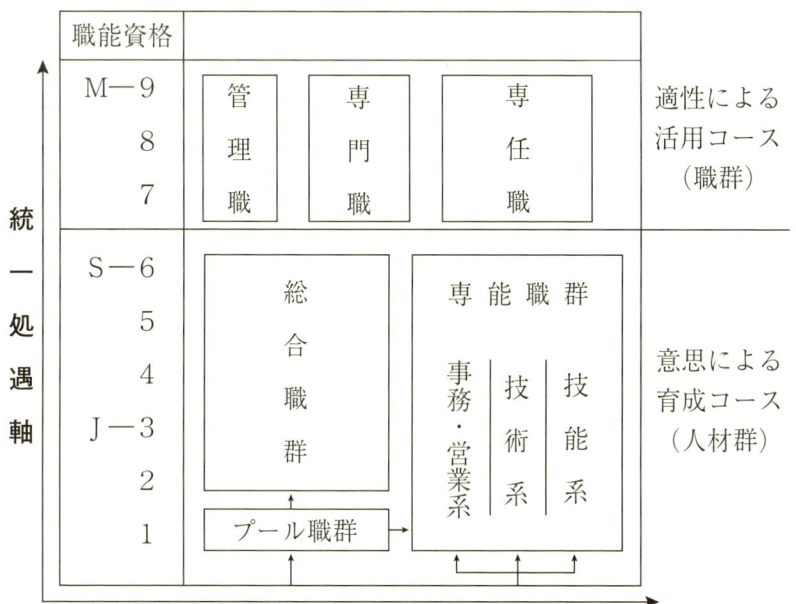

第8章　実力主義・加点主義人事の進め方

8―4図　複線型昇進制度

	職能資格				
統一処遇軸	M―9 8 7	管理職	専門職	専任職	適性による活用コース（職群）
	S―6 5 4 J―3 2 1	総合職群 プール職群	専能職群 事務・営業系　技術系　技能系		意思による育成コース（人材群）

多元的人材の育成・活用軸（職群管理）

とである。これらの3つを，今後労使でどう克服していくかが，これからの日本の成果主義賃金のゆくえを決定する最も重要なポイントになるといえだろう。

　さてその目標面接の具体的設計だが，それは**8―3図**でみるとおりミッションシート（またはチャレンジシートとか目標設定シートと呼ばれる）が基準となる。これは図でみるとおり自己評価と上司評価，ついでフィードバックにつながりそれが人材育成や公正査定に連なっていく。

⑤　複線型昇進制度

　8―4図でみるような，意思による人材育成および適性による活用コースを職能資格制度の中に一体化したものを複線型昇進制度と呼び，人材の育成と活用を最も有効なものとする。

第9章

日本型成果主義と年俸制

1　ライフステージ別の賃金体系

　第1章の1—3図でみたように、これからの賃金（日本型成果主義）は、年齢給が根、職能給が幹、そして役割給が枝としての位置づけをもっている。したがってこれからの日本の賃金は、この3つをもって構成されるが、それは、ライフ（スキル）ステージ別にウェートを変化させながら設定される。**9—1表**でみるとおりである。それによって生涯ベースの賃金カーブは**9—1図**のように修正されることになる。
　つまり生涯労働の前半は能力主義、後半は成果主義ということになり、人生のあり方にメリハリをつけることが望まれる。
　最近、成果主義が進む中で、年齢給（定昇）の廃止や職能給の縮小の動きも少なくないが、それは明らかに誤りで、人材の育成を先行させ、それをベースに成果主義を進めることが要件となることを、強調しておきたい。人件費の節約（コスト）も大切だが、それ以上に経済・社会の発展にとっては人材の育成とマインドアップが必要であることを見失なってはならない。

2　基準賃金の組み替え

　先述の**9—1表**でみたように、40歳または管理職に昇進した段階で賃金体系（基準賃金）は組み替えられる。年齢給が消え、新たに役割給が導入される形の組み替えである。
　年齢給は、そのピークで基準役割給に転換することによって、成果主義賃金ないし年俸制から属人的な要素を排除することが可能に

第9章　日本型成果主義と年俸制

9－1表　ライフステージ別の賃金体系

型	種別	項目		First-Skill 20歳～	Semi-Skill 30歳～	Skill 40歳～	Hi-Skill 50歳～	60歳～
日本モデル	インプット（労働力）	生活主義（年齢給）		◎60	○40	—	—	—
		能力主義（職能給）		○40	◎60	◎60	○40	
アメリカモデル	アウトプット（労働）	成果主義	（職責給）	△(10)	△(20)	—	—	—
			（役割給）	—	—	○40	◎60	◎100

スキルステージ

年俸制

（注）職責給を入れた場合は職能給のウエイトがそのぶん低下する。

9－1図　迫られる賃金カーブ、賃金体系の修正

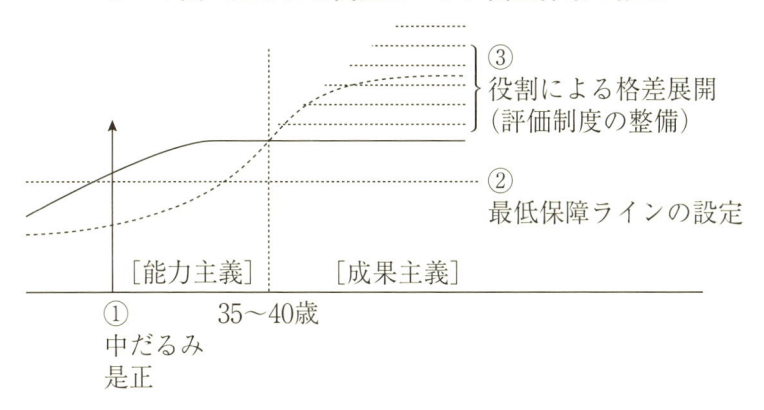

③ 役割による格差展開（評価制度の整備）

② 最低保障ラインの設定

［能力主義］　［成果主義］

① 中だるみ是正

35～40歳

なる。一方、職能給・諸手当をもって、新職能給に組み替えることにするが、この場合、管理職手当、役付手当も職能給に編入する。例えば9－2図にあるように、課長50,000円、次長60,000円、部長70,000円というように、自社の役付手当・管理職手当の標準値をにらみながら一定の金額を設定し、これを基準賃金に組み入れることとする。

231

9－2図　基準賃金の組み替え

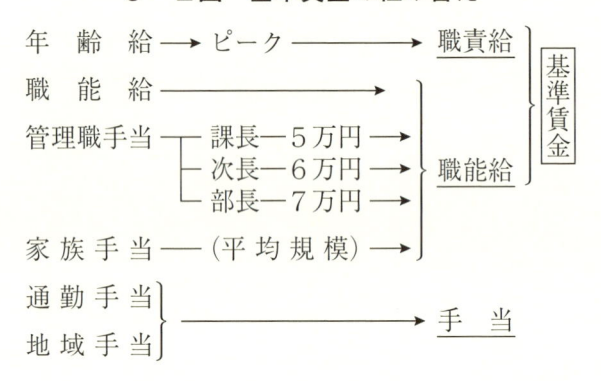

```
年齢給 → ピーク ──────→ 職責給 ┐
職能給 ─────────────→        │
管理職手当 ┬ 課長―5万円 →   職能給 ├ 基準賃金
          ├ 次長―6万円 →          │
          └ 部長―7万円 →          │
家族手当 ──（平均規模）→           ┘
通勤手当 ┐
        ├ ──────────→ 手当
地域手当 ┘
```

9－3図　用意しなければならない5つの要素

| 職責評価（職責給）×チャレンジ評価＝役割給 |
| ① ② ③ |
| 役割給×業績評価＝業績給 |
| ④ ⑤ |

3　職責・役割・業績評価

　9－3図でみるように成果主義を成立させるためには、5つの要素を用意しなければならない。
　それらを示したものが9－4図、9－2表、そして9－3表、9－4表、9－5表である。

4　年俸制の導入

　管理職以上は年単位で目標を設定し、年単位で役割を果たしてい

9―4図　役割評価の3軸

```
        Z
       (チャレンジ目標)
        │    Y (職責のむずかしさ)
        │   ╱────────────────────╲
        │  ╱                      ╲
        │ ╱      　職　責          ╲
        │╱                          ╲
        └────────────────────────────→ X（職責の大きさ）
```

6つのチャレンジ……確実、拡大、革新、創造、育成、自己充足

9―2表　役割評価の要素

職責評価	量的側面（X軸）	イ．責任と権限の広がりと高まり ・人的規模 ・物的規模 ・金額的規模
	質的側面（Y軸）	ロ．企業への貢献度 ハ．役割遂行の必要知識 ニ．心身の負担度
目標評価	チャレンジ度（Z軸）	①100％確実に対するチャレンジ ②職責拡大のチャレンジ ③革新に対するチャレンジ ④創造に対するチャレンジ ⑤育成に対するチャレンジ ⑥自己充足に対するチャレンジ

9―3表　チャレンジ目標係数

①確実、拡大、育成、自己充足	1.02
②革新	1.05
③創造	1.08

9−4表　業績評価係数

評　価	個　人	部　門	企　業
S	1.2	1.1	1.4
A	1.1	1.05	1.2
B	1.0	1.0	1.0
C	0.9	0.95	0.8
D	0.8	0.9	0.6

9−5表　職責給表

①：課長相当ベース（M−7）
（万円）

	A	B	C
I	27	25	23
II	25	23	21
III	23	21	20
IV	21	20	19
V	20	19	18

②：次長相当ベース（M−8）
（万円）

	A	B	C
I	30	27	25
II	27	25	23
III	25	23	22
IV	23	22	21
V	22	21	20

③：部長相当ベース（M−9）
（万円）

	A	B	C
I	33	30	27
II	30	27	25
III	27	25	24
IV	25	24	23
V	24	23	21

くのであるから年俸制が望ましい。年俸制の意義はおおむね2つある。

　まず第1は、成果主義賃金の導入というねらいである。成果主義賃金は年俸制がにあうから、成果主義賃金を導入しながら年俸化す

9―5図　年俸制の3つのパターン

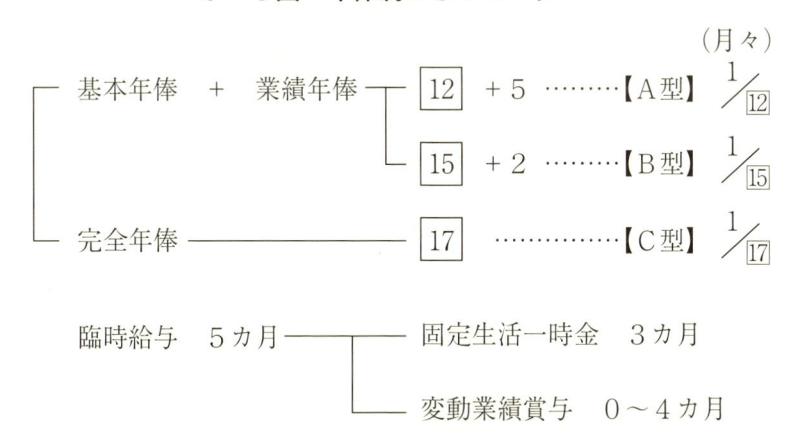

```
                                              (月々)
┌ 基本年俸 ＋ 業績年俸 ┬─ [12] ＋5 ……【A型】 1/[12]
│                      └─ [15] ＋2 ……【B型】 1/[15]
└ 完全年俸 ──────────── [17]     ……【C型】 1/[17]

臨時給与 5カ月 ┬─ 固定生活一時金 3カ月
                └─ 変動業績賞与　0〜4カ月
```

　る動きである。この場合には、成果主義賃金の導入がねらいであるから、基準賃金は職能給と役割給をもって編成され、これを年俸化する形をとる。したがって、従来なかった役割給の導入および役割評価制度の確立が前提条件となる。
　もう1つの年俸制の意義は、必ずしも成果主義賃金の導入ではない。管理職・専門職など上級職能者に経営意識を高めてもらおう、また目標面接を有効化しようというねらいである。したがって、この場合においては、必ずしも役割給の導入が行われるとはかぎらない。年俸制ということになれば、月給労働者とは意識が変わってくる。自らが新しい業務を開発し開拓し、高めることによって自分の年俸を上げていこうという、いわば経営意識が高まってくるのである。なぜならば、経営者は従来から年俸制だからである。このような場合には役割給を入れず、従来どおり職能給または年齢給などをもって基準賃金が構成されたままで、これを年俸化する形となる。
　このように年俸制には、成果主義賃金の導入をねらいとする年俸化のあり方と、経営意識の高揚、目標面接の有効化を図る意味での年俸化の2つがあり、前者の場合には役割給の導入が必然的となる。

9―6表　年俸制の演習

M―7級3号　課長	配偶者、子3人
（職責評価）　Ⅱ―A	（チャレンジ）革新／有効
（業績評価）　個人業績　S、部門別業績　C、企業業績　A	

上記の場合の年俸額（B型）を計算せよ。

〔年俸制の計算演習〕

　以上述べてきたことを具体的かつ正しくその手順を理解するために年俸計算の演習を行ってみよう。

　9―6表の条件に従って、B型（9―5図参照）で、年俸額を計算してみよう。

　ここでは、次の数値に従って試算してみていただきたい。

① M―7級3号課長の職能給は186,300円
② 職責給Ⅱ―Aは250,000円（9―5表参照）
③ 管理職手当は50,000円
④ 標準家族手当は31,000円
⑤ 革新チャレンジ係数は9―3表参照
⑥ 業績評価係数は9―4表参照

試算が終わったら次の解答と比較してチェックしてみよう。

　以上のように日本の人事・賃金は、21世紀に向けて能力主義を強化し、内部を加点主義に転換し、さらに部分的に成果主義賃金を導入していくという方向で進められていく。

　いずれも経営側だけでスムーズにやれるものはひとつもない。労使で専門委員会を作り、知恵を出しあい、理念も制度も共同で検討・設計し、整備・導入・定着を進めていくことが強く要請される。

　成果主義賃金の詳細については、拙著『成果主義賃金』を参照していただきたい。

〔解答〕

- 役割給　250,000円　×　1.05　＝　262,500円
  （Ⅱ—A）（革新チャレンジ）

- 職能給　（7 — 3）　186,000円
  　　　　管理職手当　50,000円　　　529,500円 ＝ 530,000円
  　　　　家族手当　　31,000円
  　　　　　　計　　267,000円

基本年俸　530,000円×15カ月分＝7,950,000円

　　　　　　　　　Ⓑ型
　　　　　　　　　↕　　S　C　A
業績年俸　530,000円×2カ月分×1.2×0.95×1.2 ＝1,450,000円
　　　　　　　　　　　　　　　1.368

確定年俸　＝7,950,000円＋1,450,000円＝9,400,000円

◆図索引

第1章　賃金の2つの性格
1—1図	能力主義と成果主義	13
2〃	日本型人事の過去100年と今日的課題	14
3〃	日本型成果主義のフレーム	16
4〃	春闘改革の方向	17
5〃	ワークライフバランス（WLB）	18
6〃	ワークシェアリング（構造改革を！）	18

第2章　賃金水準の決定基準
2—1図	賃金の決定要因	21
2〃	賃金の決定基準（正常な経済環境の場合）	21
3〃	スタグフレーション下の賃金決定	22
4〃	'09春闘の譲歩均衡点	23

第3章　賃金のとらえ方
3—1図	賃金の4つの側面	38
2〃	賃金計画の性格	39
3〃	個人別賃金のプロット図による分布状態の把握	42
4〃	賃金の範囲	42
5〃	基本的賃金と付加的賃金	43
6〃	基本給ピッチの計算図	44
7〃	モデル賃金の使い方	51
8〃	各種の生計費カーブ	54
9〃	各種生計費と賃金分布領域	54
10〃	標準（最低）生計費と最低（基準）生計費	61
11〃	基準（最低）生計費の測定，算定方式	66
12〃	プロットのあり方	72

第4章　賃金体系
4—1図	人材理念―トップ	79
2〃	人材システム―12個―現場労使	79
3〃	個別賃金の決定基準	82
4〃	賃金体系の類型	86
5〃	賃金体系の組み立て方	90

6図	基本給のタイプ	90
7〃	賃金体系の組み立て（典型的なあり方）	91
8〃	年齢給の役割	91
9〃	職能給の仕組み（サラリースケール）	99
10〃	ライフサイクルミニマムと職能給	100
11〃	これからの賃金体系	103
12〃	ピッチの割合と基本給の性格	105
13〃	金額的な構成割合は初任給の割り振り次第で決まる	107
14〃	金額的高さの割合の変化	109
15〃	年齢給ピッチの決め方	111
16〃	ライフサイクルと年齢給	114
17〃	職能給の条件	118
18〃	ピッチの配分（例示）	118
19〃	昇格時の賃金	121
20〃	職能給カーブの新形成の方向	123
21〃	世帯ミニマムは年齢給と家族手当でカバーする	133
22〃	地域手当の考え方	135

第5章 臨時給与など

5—1図	臨時給与のひとつのあり方	148

第6章 ベア・定昇と賃金調整

6—1図	売上高と付加価値	160
2〃	長期賃金政策のパターン	165
3〃	ベアと昇給の関連	167
4〃	ベア、定昇と平均賃金（コスト）の上昇	172
5〃	定率配分・定額配分と賃金カーブ	173
6〃	シャドー初任給	175
7〃	賃金表のパターン	177
8〃	職能段階別の等級賃率の形	178
9〃	生涯ベースでの賃金カーブの修正	184
10〃	生涯ベースでの賃金体系	186
11〃	賃金カーブの変容と個別賃金政策	187

第7章 能力主義人事の進め方

7—1図	各種の雇用慣行（人と企業との結びつき）	192

2図　期待像を軸とした能力主義人事（トータルシステム）………199
　3〃　期待像と評価システム…………………………………………203
　4〃　職能資格制度のフレーム（ひとつのモデル）………………206
　5〃　等級基準（職種別等級別の習熟要件）は仕事
　　　　（課業）で表示される………………………………………213
　6〃　職能資格と役職位（下限でセットされる）…………………214

第8章　実力主義・加点主義人事の進め方
　8－1図　日本型成果主義のロードマップ……………………………221
　2〃　実力（コンピテンシー）評価の進め方………………………222
　3〃　目標面接制度……………………………………………………226
　4〃　複線型昇進制度…………………………………………………227

第9章　日本型成果主義と年俸制
　9－1図　迫られる賃金カーブ、賃金体系の修正……………………231
　2〃　基準賃金の組み替え……………………………………………232
　3〃　用意しなければならない5つの要素…………………………232
　4〃　役割評価の3軸…………………………………………………233
　5〃　年俸制の3つのパターン………………………………………235

◆表索引

第1章　賃金の2つの性格
　1－1表　日本モデルとアメリカモデル………………………………13

第2章　賃金水準の決定基準
　2－1表　春闘の過去6年間の実態……………………………………23

第3章　賃金のとらえ方
　3－1表　（個別）賃金表（例示）………………………………………31
　2〃　人事院標準生計費による各種生計費の推定〈全国〉………53
　3〃　費目別，世帯人員別生計費換算乗数（平成21年4月）……68
　4〃　主要統計資料一覧………………………………………………74

第4章　賃金体系
- 4—1表　新人材政策の心・技・体 …… 78
- 　2〃　人材政策4側面—上層幹部 …… 79
- 　3〃　賃金体系別長所と短所 …… 87
- 　4〃　年齢給の算定例 …… 116
- 　5〃　基本給ピッチとその配分割合 …… 119
- 　6〃　生涯労働と昇給構成 …… 123

第6章　ベア・定昇と賃金調整
- 6—1表　政策のターゲットと配分基準 …… 163
- 　2〃　ベアと定昇の違い …… 169

第7章　能力主義人事の進め方
- 7—1表　日本的雇用慣行（社員成長処遇システム）の
メリットとデメリット …… 196
- 　2〃　昇格と昇進の運用の違い …… 216

第8章　実力主義・加点主義人事の進め方
- 8—1表　「実力主義」とは …… 221
- 　2〃　「加点主義」とは …… 223
- 　3〃　アセスメント …… 224

第9章　日本型成果主義と年俸制
- 9—1表　ライフステージ別の賃金体系 …… 231
- 　2〃　役割評価の要素 …… 233
- 　3〃　チャレンジ目標係数 …… 233
- 　4〃　業績評価係数 …… 234
- 　5〃　職責給表 …… 234
- 　6〃　年俸制の演習 …… 236

楠田　丘（くすだ　きゅう）

大正12年	熊本県生まれ
昭和23年	九州大学理学部数学科卒，労働省（現厚生労働省）入省
昭和39年	労働省統計業務指導官
昭和40年	経済企画庁経済研究所主任研究官
昭和43年	アジア経済研究所主任調査研究員
昭和45年	日本生産性本部主任研究員，同59年，理事
同　年	日本賃金研究センター研究主任，同56年，代表幹事
主要著書	「人を活かす人材評価制度」（経営書院）
	「職能資格制度」（経営書院）
	「賃金体系設計マニュアル」（経営書院）
	「ベア・定昇の実際」（経営書院）
	「加点主義人事」（経営書院）
	「成果主義賃金」（経営書院）
	「新・賃金表の作り方」（経営書院）
	「日本型人事の革新とその設計（共著）」（経営書院）
	「人材社会学」（経営書院）
	「生産性と賃金」（社会経済生産性本部）他，多数

改訂9版
賃金テキスト

1972年 7 月10日　第 1 版第 1 刷発行
2010年 3 月19日　第 9 版第 1 刷発行
2014年 8 月18日　第 9 版第 2 刷発行

定価はカバーに表示してあります。

著　者　楠　田　　丘
発行者　平　　盛　之

発行所
㈱産労総合研究所
出版部　経営書院

〒102　東京都千代田区平河町2-4-7　清瀬会館
電話　03-3237-1601　振替　00180-0-11361

落丁，乱丁本はお取り替えいたします。

印刷・製本　中和印刷株式会社

ISBN978-4-86326-063-4